Ascensão e queda de Dilma Rousseff

Jorge Bastos Moreno

Ascensão e queda de Dilma Rousseff

Tuítes sobre os bastidores do governo petista e o diário da crise que levou à sua ruína

Organização: Flávia Aguiar e Mariana Alvim

GLOBOLIVROS

Texto fixado conforme as regras do Novo Acordo Ortográfico da Língua Portuguesa (Decreto Legislativo nº 54, de 1995).

Editora responsável: Sarah Czapski Simoni
Pesquisa e fixação de textos: Delfin (Studio DelRey)
Design e ilustrações da capa: Thiago de Barros
Diagramação: Gisele Baptista de Oliveira
Revisão: Erika Nogueira

1ª edição, 2017

CIP-BRASIL. CATALOGAÇÃO NA PUBLICAÇÃO
SINDICATO NACIONAL DOS EDITORES DE LIVROS, RJ

M835a
Moreno, Jorge Bastos
Ascensão e queda de Dilma Rousseff: tuítes sobre os bastidores do governo petista e o diário da crise que levou à sua ruína / Jorge Bastos Moreno; organização Flávia Aguiar, Mariana Alvim. – 1. ed. – São Paulo : GloboLivros, 2017.
272 p.; 21 cm.

ISBN: 9788525063397

1. Rousseff, Dilma, 1947-. 2. Presidentes - Brasil - Eleições - 2014. 3. Imprensa e política - Brasil - História - Séc. XXI. 4. Mídia social - Aspectos políticos - Brasil - História - Séc. XXI. 5. Comunicação de massa - Aspectos políticos - Brasil - História - Séc. XXI. 6. Brasil - Política e governo - Séc. XXI. I. Aguiar, Flávia. II. Alvim, Mariana. III. Título.

17-39787 CDD: 302.230981
CDU: 316.77(81)

Direitos de edição em língua portuguesa para o Brasil
adquiridos por Editora Globo S. A.
Av. Nove de Julho, 5229 — 01407-907 — São Paulo — SP
www.globolivros.com.br

Sumário

Prefácio

Às 6h23m da manhã de 12 de maio de 2016, uma quinta-feira, o Senado Federal, numa das sessões mais longas da sua história, retirou, provisoriamente, por 55 votos contra 22, sem nenhuma abstenção, Dilma Rousseff da cadeira de presidente da República, para a qual tinha sido reeleita em 3 de outubro de 2014. Esse afastamento viria a se tornar definitivo 104 dias depois, quando o mesmo Senado, por 61 a 20, também sem nenhuma abstenção, cassou o mandato da presidente, pondo fim a 13 anos, quatro meses e doze dias da era petista no comando do país.

Durante o período em que governou o Brasil, segundo levantamento da BBC, "Dilma Rousseff demitiu, substituiu ou aceitou a demissão de 86 ministros. Em média, um ministro foi demitido ou trocado no governo Dilma a cada 22 dias".

O primeiro ministro de Dilma a cair, seis meses depois de iniciado o governo, foi ninguém menos do que o então superpoderoso chefe da Casa Civil, Antonio Palocci, cujo patrimônio cresceu 20 vezes, de 2006 a 2010. A partir daí começou o que a mídia chamou de "A faxina da Dilma" — a cada mês, demitia um ministro denunciado por corrupção. O PT se incomodava muito com essa denominação de "faxineira" pela interpretação óbvia de que Dilma estava fazendo o que o seu antecessor deveria ter feito e não fez.

Com esses movimentos, a popularidade da presidente subiu e o sonho da reeleição foi se tornando mais real, quando, desde o início do governo, estava implícito, pelo menos para os petistas, que, ao final do mandato, ela lançaria Lula para a sua sucessão. O combinado não sai caro. A falta de um acordo mais definido fez com que Dilma insistisse em sua candidatura e, assim, conquistasse de início a hostilidade da ex-primeira dama Marisa Letícia, que passou a só se referir a ela como "traidora". Em determinado momento, o projeto de Dilma foi abalado pelos movimentos de rua de junho de 2013, arrefecidos durante a campanha eleitoral de 2014.

A partir também de sua reeleição, Dilma nunca mais conseguiu se entender com o seu padrinho político. Aos quatro ventos, Lula falava mal dela. Embalado por esse conflito entre o criador e a criatura, o PT também passou a questionar o governo, principalmente por causa da nomeação de Joaquim Levy para o Ministério da Fazenda. Antes de o PMDB romper com Dilma, o PT já havia assumido a primazia dessa ameaça, no seu encontro nacional no Rio de Janeiro. Mas, Lula interveio em favor da Dilma.

Depois que Dilma foi cassada, Lula, numa conversa com um grupo de amigos, desabafou:

— Quando vi que sua situação era difícil, montei um QG num hotel de Brasília para trabalhar votos dos senadores a favor dela. Sabia que os cinco que foram seus ministros estavam propensos a votar contra ela. Chamei um a um, isoladamente, e para cada um eu disse a mesma coisa: "Meu amigo, você foi ministro dela. Vai ficar mal para você votar contra ela. Por favor, pelo menos se abstenha. Isso nos ajuda." E de todos, ouvi a mesma resposta:

"Você não sabe o que essa mulher fez comigo. Ela me maltratou, me humilhou". Aí, eu desisti.

Outra coisa que desanimou Lula, segundo esse seu mesmo relato, foi o episódio da substituição de Guido Mantega no Ministério da Fazenda:

— Eu cheguei para ela e pedi, implorei, para ela botar o Meirelles [Henrique Meirelles] no lugar do Mantega. E o que ela me fez? Botou lá um funcionário do quinto escalão do Bradesco.

Para sintetizar a ascensão e queda da Dilma, título deste trabalho, escolhi dois artigos que escrevi já no clima da derrocada da presidente da República:

As chances perdidas da presidente (publicado em 18/04/2016)

Quando começaram a falar que a ministra Dilma Rousseff poderia ser a escolhida do então presidente Lula para suceder-lhe, a procurei para uma primeira conversa, sabendo já da reação negativa dos principais líderes do PT a essa especulação.

Cheio de dedos, para não parecer indelicado, acabei sendo direto:

— Como a senhora pode ser candidata do presidente, se o PT não gosta da senhora?

A resposta, pela franqueza e objetividade, selou uma relação de confiança, que quebro somente agora para tentar explicar o que levou a hoje presidente Dilma à situação em que se encontra.

— E você acha isso ruim? — devolveu-me ela a pergunta.

Saí da conversa convencido de que Lula, já então supostamente vítima das trapalhadas dos seus companheiros petistas, a escolhera justamente porque Dilma não tinha intimidade com o PT e, sendo assim, não deixaria o partido tomar conta do governo dela e fazer o que fizeram com ele.

Dias depois de lançada, Tarso Genro, que nunca disputara uma eleição no Rio Grande do Sul tendo a Dilma do seu lado, deu uma entrevista ao jornal "Zero Hora", criticando a candidatura da companheira. Dilma queixou-se a Lula, na frente do também ministro Edison Lobão.

— Lula, eu vou cobrar do Tarso — disse a vítima, enfurecida.

— Calma, querida. Não quero que você se exponha com o PT. Deixa que eu resolvo isso.

E resolveu. Deu uma bronca no Tarso, que confidenciou a mim:

— Nunca o Lula me tratou dessa maneira. Foi uma baita de uma bronca.

A lição aplicada a Tarso foi didática. A partir daí, mexeu com a Dilma, mexeu com Lula. E nunca mais ela foi molestada nem teve a sua candidatura contestada por ninguém.

Pulemos o escândalo Erenice e vamos reencontrar agora com a nossa personagem já eleita e empossada, tendo Antonio Palocci como seu braço-direito na chefia da Casa Civil, mandando até mais que ela, ao ponto de dar uma bronca no vice-presidente e ser imediatamente enquadrado por Michel Temer.

Palocci estava tendo a sua segunda chance de se cacifar à Presidência da República. Já tinha perdido a primeira oportunidade no governo Lula, e o destino estava lhe dando mais uma chance. Não resistiu seis meses no cargo e foi devorado pela denúncia de ter multiplicado seu patrimônio.

A partir da queda de Palocci, a cada mês caía um ministro. Foram sete por denúncias de corrupção e um apenas por insubordinação, Nelson Jobim, da Defesa. Como todos esses ministros foram imposições de Lula, livrando-se deles com a ajuda do destino, Dilma via crescer a sua popularidade, assumindo o doce incômodo de ser chamada de faxineira — estava varrendo a corrupção do seu governo. Tal título começou a incomodar o próprio Lula e, principalmente, o PT.

Foi aí que Dilma começou a perder a chance de fazer um governo independente. Vamos dar um salto maior na nossa história e cheguemos bem perto dos dias de hoje. Antes de o PMDB romper com o governo, quem ameaçava fazê-lo era o PT, por causa da política econômica do governo.

Ulysses Guimarães, figura recorrente nos últimos dias da longa sessão do impeachment, já dizia que "com o 'se' você bota Paris numa garrafa". Mas termino a minha história com um festival de "se": e "se" Dilma, lá no início do primeiro mandato, prosseguisse na faxina?; e "se" o PT tivesse rompido com ela, antes de o PMDB fazê-lo?

Talvez ela não tivesse chegado aonde chegou.

Reeleição foi seu erro fatal (publicado em 01/09/2016)

Nada na vida de Dilma Rousseff tem sido fácil. Pulemos a sua biografia de militante política da ditadura e vamos encontrá-la mais na frente: em um despacho com Lula, numa manhã de 2010, como chefe da Casa Civil da Presidência e recém-escolhida pelo chefe para ser candidata à sua sucessão.

— Lula, estou indignada. O Tarso Genro deu uma entrevista hoje ao "Zero Hora" detonando minha capacidade política para ser candidata à Presidência da República. Você me desculpe, mas essa eu não vou engolir. Se eu deixar passar batido, ele vai subir o tom e criar obstáculos para mim dentro do próprio PT. Vou ligar para ele.

Depois de um longo e significativo silêncio, que, para Dilma, soou como uma eternidade, Lula, segurando-lhe as mãos, a acalmou:

— Nem pensar! Deixa que eu faço. Não vou deixar você se expor com o Tarso e o PT por causa disso. Essa briga é comigo. O alvo deles sou eu porque eles é que queriam ser escolhidos ou ter poder para escolher o candidato. Entenda uma coisa: eu estou aqui para te

proteger contra o PT. Cuide de se preparar para a campanha e deixe que do PT cuido eu.

Hoje, exatos seis anos depois, vemos que Lula, além de não ter conseguido segurar o PT, não conseguiu se segurar nos puxões de orelhas públicos à sua já então sucessora e nem as ações erráticas da própria. Essas ações ajudaram no enfraquecimento político da Dilma, o que foi um dos principais motivos da sua derrocada.

Não estava escrito, nem combinado, mas quase explícito que Dilma seria eleita para esquentar cadeira para a volta de Lula em 2014. Lula apostava no desprendimento da pupila, mas Dilma gostou da brincadeira e quis continuar. Foi seu erro fatal.

Tudo o que aconteceu de lá para cá, até o Juízo Final, foi fruto dessa decisão. Dilma entraria para História apenas como a primeira mulher a ser eleita presidente e guardiã da cadeira e dos programas sociais de Lula.

Quando tudo isso for decantado, o discurso do golpe, que alimentou sua agonia, será relegado à sua verdadeira dimensão: uma disputa de poder, onde o lado mais forte venceu. E, ao contrário do que ela disse no discurso de defesa, "o conjunto da obra" não vale apenas para eleger ou derrotar candidatos, mas também para desalojar presidentes. É que todo e qualquer processo contra presidente da República é político. Vide Collor, derrubado pelo Congresso, mas absolvido por unanimidade pelo Supremo Tribunal Federal.

Junho de 2010

Os principais nomes confirmados para a disputa presidencial são Dilma Rousseff (PT), Marina Silva (PV) e José Serra (PSDB). A suposta existência de um dossiê contra Verônica Serra, filha do candidato tucano, movimenta a campanha de Dilma. Fernando Pimentel, ligado à empresa de comunicação que teria confeccionado o dossiê, é afastado do comando da campanha petista, que passa às mãos de Antonio Palocci. A aprovação de 85% da população ao governo Lula impulsiona Dilma à frente das pesquisas, conforme revelado pelo Ibope.

Na economia, o cenário também é favorável para os petistas: o PIB no primeiro trimestre de 2010 apresenta um crescimento de 9% em relação ao mesmo período do ano anterior. O resultado positivo não impede, porém, a elevação da taxa de juros para acima dos 10%, algo que não ocorria há mais de um ano.

Outro marco para aquele ano é a sanção, sem alterações, da Lei da Ficha Limpa, que já valerá para a eleição de outubro. Em meio a tudo isso, começa a Copa do Mundo de 2010, sediada na África do Sul, na qual são popularizadas mundialmente a vuvuzela e a expressão "Cala a boca, Galvão".

14/06/2010 — Zé Eduardo Cardozo é único político na comitiva da Dilma. Ele, vcs sabem, não se candidata à reeleição, mas a ministro.

14/06/2010 — Gesto de Alves mostra como será PMDB no poder: agora, já passa por cima de Lula e ameaça ministros. Virou esculhambação!

14/06/2010 — Gente, quem governa ainda e manda, pra burro, e merecidamente, é Lula! PMDB, olha o salto alto! Coitado do Temporão

15/06/2010 — Chique Dilma chegar em Paris de mochila. Gostei do Serra torcer no Leblon e Marina no Roda-Viva. O que eleição não faz?!

16/06/2010 — Serra dizer que apoiaria decisão de Lula e Mantega sobre previdência mostra ser sublegenda da Dilma. Cadê a oposição?

21/06/2010 — Observadores políticos: Marina vai crescer +. Ser Marina não faz mal, só bem. No peito de cada dilmista ou serrista tbém bate uma Marina

21/06/2010 — P/ dizer a verdade, os candidatos são bons, ruins são os entornos: Jáder (Dilma) X Jefferson (Serra). Daí? Cristo andou c/ Judas e vice-versa

23/06/2010 — Aos que me chamam de oportunista: nunca fui serrista. Eu nasci serrista e vou morrer... dilmista. Ou quem ganhar.

26/06/2010 — Crise na candidatura Serra, a esta altura, só pode ser tentativa de golpe de estado. Dilma, presidente por WO, gera instabilidade política

26/06/2010 — Eu queria brigas p/ ideias, tipo; “DEM discorda da proposta de Serra p/ ensino fundamental” ou “Serra rejeita estado mínimo do DEM”.

26/06/2010 — Da série “eu queria brigas p/ ideias”: “PSDB acusa PT de plagiar seu dossiê para a Saúde” ou “Dilma assume: ‘dossiê da casa própria é nosso’”

Julho de 2010

O mês se inicia com o desencanto anunciado da Seleção Brasileira, eliminada pela Holanda na Copa do Mundo, decretando o fim da Era Dunga. Na arena política, José Serra define seu vice: é Índio da Costa (DEM). Os vices de Dilma e Marina são, respectivamente, Michel Temer (PMDB) e Guilherme Leal (PV). A campanha eleitoral começa oficialmente.

Auditores da Receita Federal revelam acesso a dados fiscais do vice-presidente do PSDB, Eduardo Jorge Caldas Pereira. O fato, ocorrido no ABC paulista, reduto histórico do PT, leva a uma nova suspeita de produção de dossiês pela campanha de Dilma Rousseff. A pesquisa Datafolha aponta empate técnico entre Dilma e Serra, mas o Ibope, no final do mês, crava a ascensão da candidata petista, com 5 pontos percentuais à frente do tucano. Enquanto isso, Marina Silva promove twitaço e ultrapassa os cem mil seguidores na rede social. O Brasil, longe da política, acompanha atentamente o caso do goleiro Bruno, do Flamengo, acusado de ser o mandante do assassinato de sua ex-amante, Eliza Samudio.

02/07/2010 — Serra, Dilma, Lula, Marina, Cabral, Sarney, FH, Aécio, Temer e Zé Dirceu: o país unido contra a verticalização do TSE. Só falta Dunga!

08/07/2010 — Proponho, aqui do spa, pacto nacional: Dilma tira mídia do seu programa, o Serra não mexe com câmbio e a Igreja tira a gula dos pecados

15/07/2010 — Há candidatos sisudos: Dilma, Serra, Jarbas, Tarso, Rodrigo e outros. Não deixam de ser gente boa. É só votar e não conviver com eles.

16/07/2010 — Liguei há pouco pro Sarney. Ele tem pesquisa recém-fechada do Vox, com sete pontos a favor da Dilma. Sarney acha que Serra tá sem discurso

17/07/2010 — Falei no jornal e repito: Dilma, não diga + q na infância rasgaste dinheiro ao meio p/ dividir c/ pobre. Ninguém vota em quem rasga dinheiro.

24/07/2010 — Pergunta que não quer calar 2: P q PT fica em polvorosa qdo denunciam ligações com as Farc? Se é absurdo, é pra morrer de rir, não de raiva!

24/07/2010 — Pergunta que não quer calar 3: Diga lá só 3 propostas importantes do programa de seu candidato Serra, Dilma ou Marina!

24/07/2010 — Pergunta 4: Vamos por etapa, mas sem pular: Quem violou o sigilo fiscal do EJorge? Seu patrimônio é compatível com a renda?

24/07/2010 — Perg 5: Pq os presidentes do PSDB e DEM não dizem a Serra o q falam pelas costas sobre seu autoritarismo na fixação do roteiro campanha?

24/07/2010 — Perg 6: Esta é para Tasso, Aécio, Guerra e Rod Maia: Vem cá, quem é o candidato de vcs, Serra ou Dilma? Nunca vi jogarem tão contra assim!

24/07/2010 — Perg 7: O PT do Zé Dirceu é o mesmo do Tarso Genro? O do Rui Falcão é o mesmo do Fernando Pimentel?

24/07/2010 — Perg 8: Vc concorda com afirmação de q a eleição da Dilma é a tão sonhada chegada do PT ao poder, já que ele já não se sente lá com Lula?

24/07/2010 — Perg 9: Vc também acredita que, Dilma eleita, o PT vai dar um chute na traseira do PMDB e vai querer governar finalmente sozinho?

24/07/2010 — O que seria destas eleições se Serra e Dilma fossem afáveis, atenciosos com a mídia e só tivessem aliados sensatos? Ninguém comprava jornal

29/07/2010 — Dilma e Serra não têm vocação pra unir o país. Quem vencer vai administrar tensões, no campo e cidade. É democracia: voto é melhor q golpe.

Agosto de 2010

Surge um novo dossiê, anônimo, relacionado ao PT. Desta vez, supostamente, o fogo é amigo e o alvo é o ministro da Fazenda Guido Mantega; o documento versa sobre a disputa do comando do fundo de pensão do Banco do Brasil, a Previ. A Receita Federal conclui que o vazamento de dados fiscais em São Paulo, como os do vice-presidente do PSDB e de Verônica Serra, sinaliza ação por encomenda.

Começam as entrevistas, os debates na televisão e o horário eleitoral gratuito. A presença do presidente Luiz Inácio Lula da Silva se faz sentir na campanha em todos os estados, seja nas de situação como nas de oposição. Enquanto isso, um azarão desponta — nas redes sociais: o candidato do PSOL, Plínio de Arruda Sampaio, torna-se um dos assuntos mais comentados do Twitter.

Dilma consolida seu avanço na liderança da disputa, segundo Datafolha e Ibope, sinalizando uma possível vitória em primeiro turno. No entanto, os políticos somem temporariamente dos programas de humor, graças a uma norma do TSE válida durante o período eleitoral e que se torna imediatamente alvo de protestos contra a situação de mordaça. No campo internacional, a diplomacia brasileira se une ao clamor internacional, notadamente dos países europeus, e investe em apelos diretos para salvar a iraniana Sakineh Ashtiani da morte por apedrejamento em seu país de origem.

01/08/2010 — Reflexão: aqui eu escrevo tanta bobagem. O que prova que a imbecilidade não tem limites, apesar dos 140 toques.

06/08/2010 — Debate confirma: Serra e Dilma são candidatos do Lula. Marina, não. Marina é candidata só do PT. Plínio é o candidato da Preta Gil, meu

06/08/2010 — Serra e Dilma disputam quem melhor protege Lula. Um devia ser vice do outro. São verso e anverso da mesma moeda. Entre os 2, fico com Lula.

09/08/2010 — Saiu-se bem a candidata Dilma no JN. Um pouco acima das expectativas dos adversários e um pouco abaixo das de sua equipe exigente. Oito, em nota

12/08/2010 — É bonito, na madrugada, trabalhador se envolver com campanha de presidente. É exercício d cidadania. Pena q só o militante do PT tenha tesão

12/08/2010 — Portanto, Dilma deve ao Lula, mas quem comanda a mobilização é a militância. E tem mais: o PT é orgânico. Morrem pela causa. Tem brio!

12/08/2010 — E, cá p/ nós, a militância petista pegou cacos que sobraram do mensalão, transformou de novo em barro e construiu um vaso pra botar flores

12/08/2010 — O PT, como a fênix, renasceu das cinzas da fogueira d Delúbio e Silvinho, principalmente. Graças à militância. Vê se outro faz isso?

16/08/2010 — Nessa onda de fusão, que tal fundir o programa de governo da Dilma com o do Serra? Dá o de Marina Silva!

22/08/2010 — É verdade: Palocci e Zé não estão se estranhando. Tão juntos com a Dilma como estiveram com Lula em 2002

26/08/2010 — Partilha do PMDB: setor energético, Saúde, Infra, Educação, Agricultura, pro Eduardo Cunha e ministério da Pesca pro PT.

27/08/2010 — Quem ganhar não muda minha vida nem a dos detratores. O que os aloprados (PT) e alucinados (PSDB) fazem é fanatismo. Disso, tenho medo

29/08/2010 — Coalizão I: 2002, Lula X Serra, em off: Não quer dizer q eu vá fazer, +, se ganhar, não teria dificuldades pra convidar Serra pro governo

29/08/2010 — Coalizão II: Intenção d Dilma, se ganhar, seria convidar Serra. Arrastão da receita e acirramento inviabilizam, por enquanto, essa intenção.

30/08/2010 — E vamos tirar a máscara: Não há diferenças fundamentais entre Serra e Dilma. Por isso, ser Dilma ou ser Serra não quer dizer muito.

30/08/2010 — @pgoulart01 Não! Não vou votar na Dilma! Eu sou Dilma, mas isso não quer dizer que eu vote nela. Dia de eleição eu trabalho. Nunca votei!

31/08/2010 — Estrangeiro q chega agora aqui pira: PT atrás de aliança c/esquerda p/combater PMDB. Quem é principal aliado da Dilma, q deu até vice? PMDB

Setembro de 2010

O caso da quebra do sigilo fiscal de Verônica Serra volta às manchetes, acirrando a guerra eleitoral entre PT e PSDB. O humor político deixa de ser censurado, por decisão do Supremo Tribunal Federal. O tema parece não afetar a campanha de Dilma, que inicia setembro mantendo a grande vantagem sobre Serra.

Mas a distância entre os candidatos mudaria durante o mês: o caso da ministra da Casa Civil Erenice Guerra, cujo filho foi acusado de atuar como lobista para intermediar interesses privados junto ao governo federal, torna-se o polo dos debates presidenciais e suas repercussões afastam a possibilidade de vitória em primeiro turno da candidata petista. Marina Silva, neste período, sobe o tom e se consolida como a terceira via para eleitores indecisos e descontentes com a polarização política no país. E as obras milionárias da Copa do Mundo e da Olimpíada carioca, bem como seus desafios e atrasos, começam a ganhar as manchetes.

08/09/2010 — Boa noite, navegantes! Tudo foi feito pra vcs. Espero que tenham gostado. Não há twitter melhor que este! bjs a todos!

11/09/2010 — O programa do PT diz "Com Lula e Dilma as coisas funcionam direito". Mas o Lula, daqui a pouco, vai embora, João Santana! E depois, João?

11/09/2010 — Ah, se eu fosse o Lula demitia do general da inteligência ao ministro da Justiça e ao diretor da PF, passando pela Erenice. Todos falharam!

11/09/2010 — A integridade do presidente está vulnerável: ontem foi um pré-presidiário, amanhã pode ser um psicopata. Tá fácil demais chegar perto dele.

11/09/2010 — Será q ninguém vai me ouvir: é grave a inteligência ter permitido Lula posar ao lado de bandido q ia ser preso. O ministro da Justiça sabia

11/09/2010 — Serra, Dilma, Marina e Plínio: o q aconteceu c/ o presidente poderia ter acontecido mais fácil com vcs q não têm esse aparato todo. Cuidado!

11/09/2010 — Não exagerem nos elogios, por favor! Eu posso acreditar e aí acabo me candidatando à Presidência da República pelo PSDB. Só pra ser traído!

11/09/2010 — Eu sempre disse e repito: Serra nunca quis ser presidente da República. Ele adora ser candidato. Ser presidente hoje é a coisa mais brega!

13/09/2010 — Qdo isso vai acabar? São graves, sei. Mas dá preguiça ler escândalos e ter q memorizar nomes d cada rastaquera p/ não perder o fio da meada

13/09/2010 — Uma coisa garanto: esse lamaçal só vem à tona em eleição. Período normal se acobertam. É aí q entra a mídia e MP pra fuçar e eles se calam

13/09/2010 — Candidatos favoritos, na reta final de campanha, deram agora pra torcer o pé, operar o joelho. Arnaldo Cezar Coelho odeia jogador "cai-cai"

13/09/2010 — Dilma escolhe Marina pra perguntar pq não quer enfrentar Serra. Claro, o adversário é ele. Debate interessa só por causa dos dois

13/09/2010 — Marina começa a dar estocada na Dilma. Há dias que ensaia isso. No debate do Globo, ela foi direta. Nos debates antes não fazia.

13/09/2010 — Serra, não adianta atacar o PT. Dilma não é do PT histórico!

28/09/2010 — Adorei Estadão se posicionar. E não condeno quem não quer. É só não estender editorial pra reportagem. Notícia não se mistura com opinião

28/09/2010 — Fui o primeiro e até agora único colunista a tomar posição: Eu apoio quem ganhar! Adoro Dilma, admiro Serra, amo Marina e sou fã do Plínio

Outubro de 2010

Encerra-se o primeiro turno, com vitória de Dilma Rousseff. Porém, o resultado final das urnas é insuficiente para encerrar o pleito: com a ascensão, na reta final, de Marina Silva, a candidata do PT perde a vantagem e vai para o segundo turno contra José Serra.

Marina, no entanto, se decide pela neutralidade, o que faz com que os candidatos disputem o legado eleitoral da candidata do PV. Aborto e privatizações colocam os candidatos em embate franco nos debates finais. Mas o que marcou os dias que antecederam a eleição foi uma bolinha de papel, que atingiu José Serra em uma passeata realizada em meio a um conflito entre militantes do PT e do PSDB. No mundo, a tensão, e subsequente alívio, foram sentidos com o resgate de 33 mineiros no Chile, presos por mais de dois meses em uma mina a 700 metros de profundidade.

02/10/2010 — Assessor de Jucá, qdo viu polícia, jogou pela janela do carro 100 mil reais! Quem vai defender aqui o ex-líder de FH e atual líder de Lula!

04/10/2010 — Gostem ou não deles, mas César Maia, Marco Maciel, Tasso Jereissati, Heráclito Fortes e outros farão falta no Senado.

04/10/2010 — Lula se empenhou muito pra ter maioria no Senado. Se a oposição ficar sem vez, voz e voto no Senado, a democracia fica comprometida.

04/10/2010 — Dilma foi mais esperta na fala dela. Citou e agradeceu Plínio, Marina e o próprio Serra. "Nada guardado em cofre, nada escondido".

04/10/2010 — Serra bateu forte e já deu o tom de como vai tratar a Dilma

16/10/2010 — E os "serristas" e "dilmistas"? Sim, agora e até 31, o país se divide nessas 2 categorias. Somos um país sem classe, social, evidentemente.

18/10/2010 — Empate, por natureza, favorece candidato oficial. No caso, acrescido d fato d PR ser Lula. Pra ser favorito, Serra teria q tá + bem à frente

18/10/2010 — Em debates: Serra é prolixo mas sabe construir uma frase completa. Dilma, também, é prolixa, mas não consegue terminar uma frase.

20/10/2010 — Calma, o Brasil não começa nem termina com Serra e Dilma. Acaba, simplesmente. Depois deles, outros piores virão, mas a democracia fica.

20/10/2010 — Nos bares, homens e mulheres bebem e brigam por Serra e Dilma. Isso é lindo! Isso é democracia. E a vida continua, mas sem ódio, por favor!

20/10/2010 — Dilma e Serra criticados e elogiados por cada parte não são tão assim. Melhores, há poucos. Piores, muitos. Iguais, ninguém. São únicos.

21/10/2010 — O povo pode, mas PR não pode banalizar agressão a ninguém, muito menos a um outro homem público. Lula banalizou e agrediu o cargo q ocupa

21/10/2010 — A resposta de Lula à agressão a Serra é de chocar: nem Garotinho faria isso contra Cabral. Nós, povo, podemos e gozamos o episódio. PR, não!

21/10/2010 — Com o respeito devido à profissão, Lula deixou de ser PR e, ao comentar agressão a Serra, falou como um "mata-mosquito".

Novembro de 2010

Dilma Rousseff é eleita para a presidência do país, com 56% dos votos válidos. Nos estados, o PSDB elege oito governadores e o PSB passa a comandar seis unidades federativas, enquanto PT e PMDB irão dirigir, cada um, cinco estados. Começa a transição política: o vice de Dilma, Michel Temer, é incluído no processo, porém sem função definida. Já o vice-presidente do governo Lula, José Alencar, sofre infarto agudo e é internado na UTI do hospital Sírio-Libanês.

Na educação, o Exame Nacional do Ensino Médio (Enem) chega a um período conturbado, com denúncias de fraude eletrônica e erros de impressão em provas e folha de respostas.

No final do mês, é anunciada a nova equipe econômica, sem Henrique Meirelles no comando do Banco Central.

Longe de Brasília, o comando do Morro do Alemão, no Rio de Janeiro, é retirado das mãos dos traficantes, que dominavam a área por três décadas. Do outro lado do Atlântico, na Inglaterra, o príncipe William se torna noivo da plebeia Kate Middleton.

01/11/2010 — Tomara que, ao contrário de Lula, a Dilma tenha oposição partidária. No conceito moderno, "oposição" faz parte de "Governo"

04/11/2010 — Daqui pra frente, mídia se ocupará só da disputa por cargos entre PT e PMDB. A gente faz uma festa p/ democracia e eles pelo fisiologismo.

04/11/2010 — Aécio fará oposição "responsável e generosa". Ou é ou não é. Ulysses sobre Tancredo q veio com a mesma frescura: "isso é oposição furta-cor"

04/11/2010 — FH: "Qdo vinham com 'não faço oposição ao Brasil' era a senha para o toma lá, dá cá. E eu, sim, pensando no Brasil, recusava"

04/11/2010 — Oposição é oposição. Como a democracia, não se adjetiva. Democracia adjetivada é ditadura. Oposição "responsável" é adesão. Vai logo pro PT

04/11/2010 — Agora vem o Aécio essa de "oposição generosa". Que descaramento! A Dilma precisa de oposição, até pra governar bem.

06/11/2010 — Hoje, conversei com o vice Temer. Sobre poder, repetiu-me o provérbio espanhol: "Queres conhecer Juanito? Dê-lhe um, carguito". Corretíssimo

08/11/2010 — Quase 1/2 país deu voto de confiança a Serra. É seu dever ser o porta-voz dessa gente e fiscalizar governo da Dilma. É uma forma de governar

17/11/2010 — Tá difícil trabalhar na cobertura do novo governo: muitos candidatos a ministros. Muitos emissários. Poucas informações, como sempre.

17/11/2010 — Especificamente aos que trabalham na cobertura da formação do governo Dilma, deveria ser permitido twittar + de 140 toques: muitos nomes!

17/11/2010 — Nem na explosão da democracia com Tancredo tinha tanto candidato a ministros. Já virou profissão. Q fazes? Sou candidato a ministro desde 84

24/11/2010 — Anotem aí: Definidos os nomes dos 2 principais ministros da casa: Palocci, secretaria-geral, e Paulo Bernardo, Casa Civil

24/11/2010 — E tem mais: numa possibilidade de 0 a 5, a cotação de Haddad pra permanecer na Educação fecha hoje em 4,9. Mas tudo pode acontecer

24/11/2010 — Lula, como adiantei antes de todo mundo, fez um único apelo até agora: Mantega. Os demais, são pedidos

24/11/2010 — Lobão volta mesmo pra Minas e Energia. Moreira Franco já é ministro, a não ser que Dilma queira começar rompendo com o vice.

24/11/2010 — Palocci rezou e conseguiu fugir da Saúde. Ao contrário de Padilha, ele acha esse ministério um ó!

24/11/2010 — PMDB entregou de mão beijada a Saúde pro PT, mas quer tentar ficar com a Funasa, agora blindada contra assaltos

24/11/2010 — Com Palocci, secretaria geral não vai ser a mesma que foi com Dulci. Terá muitas funções políticas. Ele e PB estão unidos pra conter PT

24/11/2010 — Com Palocci e PB como ministros da casa, buzinando no ouvido da Dilma, eu não queria ser ministro da área econômica nem mooooorto!!!!!!!!!!

25/11/2010 — A informação do momento (23h30) é esta: Palocci e PB devem ser mesmo ministros da Casa. Se mudar, é PB indo pra Esplanada.

25/11/2010 — Composição atualizada: Palocci, PB, Lobão, chances grande pra Haddad ficar e Moreira entrar. Rossi sai do MA, mas fica no time da Dilma.

25/11/2010 — Eduardo Campos faz ministros, com certeza. Cabral pode também. Blairo tem chances de indicar

25/11/2010 — Se Haddad ficar, mostra que o governo não será midiático. Resultados na Educação demoram. Haddad não pode ser medido pelos desastres do ENEM

25/11/2010 — O governador mais forte junto a Dilma será Eduardo Campos. Setores fora da política já o chamam de futuro presidente. É crer pra ver!

25/11/2010 — Dilma vai fazer tudo pra fingir que gosta do Tarso. Os dois se odeiam. E, paradoxalmente, quem vai lucrar vai ser o RS. Será RS o RJ de Lula

Dezembro de 2010

Lula deixa a presidência como o mandatário mais popular da história brasileira. Tiririca, deputado federal com maior votação em todo o Brasil, que foi tachado como analfabeto, é considerado apto a assumir o cargo na próxima legislatura.

Antonio Palocci é anunciado como ministro da Casa Civil e José Eduardo Cardozo fica com a pasta da Justiça. O ministro da Fazenda Guido Mantega anuncia que haverá um ajuste fiscal nas contas do governo a partir de 2011.

Já na questão diplomática, o Brasil reconhece o Estado Palestino, com as fronteiras originalmente definidas pela ONU. Mas a diplomacia internacional está em polvorosa graças a vazamentos de comunicações internas de diversos países pelo site WikiLeaks. No último dia de 2010, Lula abre uma crise diplomática com a Itália, prenunciada, ao decidir não extraditar o ex-ativista Cesare Battisti.

06/12/2010 — Eu sabia. Dilma não ia dar carne pra Leão. Palocci era candidato natural do Lula, PT e até parte da oposição, não fosse mansão dos horrores

06/12/2010 — Cara desses na casa civil, todo mundo ia atrás dele, não da Dilma! Dilma cortou asas do Palocci. Se eu fosse editor, minha manchete era essa

06/12/2010 — Então, ao dizer q Planejamento é que vai mandar, Lula não tá anunciando, tá denunciando o golpe da mestra Dilma!

06/12/2010 — Já era hora. Dilma tava engolindo + sapo de Lula que Paes do Cabral. Dilma esvaziou pasta e deu pro Palocci. Matou Palocci e foi no cinema

07/12/2010 — Antes de a Dilma assumir, seu futuro governo já está sendo criticado por Lula! Pode dar certo tudo isso?

07/12/2010 — O mais gozado: Lula critica o futuro ministro da Fazenda de Dilma, que é o seu atual.

15/12/2010 — Secretaria de Assuntos Estratégicos deveria ser o centro do núcleo duro do projeto de manutenção do poder. Deram pro Moreira.

Janeiro e fevereiro de 2011

Dilma Vana Rousseff se torna a primeira mulher a presidir o Brasil, com a promessa de realizar as reformas política e tributária. Na Região Serrana do Rio de Janeiro, uma tragédia anunciada: fortes chuvas deixam um rastro de destruição e provocam mais de 700 mortes. Eclode o escândalo de Furnas, que implica diretamente o deputado federal Eduardo Cunha (PMDB). Em represália, Cunha ameaça petistas insinuando ter informações sobre o escândalo dos Aloprados, que, em 2006, envolveu a compra de um dossiê contra tucanos por membros do PT.

Dilma nomeia, então, um novo presidente para Furnas, não conectado ao deputado carioca e, sim, ao senador José Sarney, também do PMDB. Aliás, o ex-presidente e Marco Maia (PT) são eleitos, respectivamente, presidentes do Senado e da Câmara dos Deputados.

Ocorre o maior blecaute da história da Região Nordeste, deixando 47,7 milhões de pessoas no escuro por até cinco horas durante a madrugada de 4 de fevereiro. Já o ministro Guido Mantega cumpre o prometido e corta R$ 50 bilhões do Orçamento de

2011. A primeira batalha política de Dilma é vencida na Câmara, com a aprovação do salário mínimo de R$ 545. No cenário internacional, floresce a chamada Primavera Árabe, revolta democrática que derruba os presidente do Egito e da Tunísia.

09/02/2011 — O líder do PMDB Henrique Alves é transparente: assume que tá no cargo pra buscar cargo pra sua gente. O país que se dane! Parabéns, deputado

09/02/2011 — O pai do líder, o falecido Aluízio Alves, recusou nomeação de Sarney pra evitar problemas. Deve estar se remexendo no túmulo contra filho

09/02/2011 — Henrique Alves ainda debocha dos seus pares: "querem discutir programas ou cargos"? Ele, assim, comete falta de decoro! Todos se calam!

09/02/2011 — A passividade dos comandos do PMDB e da Câmara estimulam Alves. Nada pode ser feito: ele integra esses comandos, faz parte deles.

09/02/2011 — Henrique Eduardo Alves é apenas o líder, o porta-voz dos desejos da sua bancada. A culpa nem é dele, coitado. O partido dele é que não presta

09/02/2011 — E lembrar que esse partido já foi de Ulysses, Aluízio Alves, Tancredo Neves, Covas, Montoro, Brossard, Teotônio!

09/02/2011 — A história do PMDB, na ditadura, foi escrita com sangue! Na democracia e, principalmente nos governos do PT, com lama!

17/02/2011 — Dilma, no primeiro teste, passou com louvor pela votação do salário mínimo

20/02/2011 — Esqueci de botar na coluna de hoje: O sucesso prematuro da Dilma se deve ao fato de ser um governo Lula, mas sem o Lula.

Março e abril de 2011

A primeira crise ministerial da presidência surge na pasta da Cultura: para dar suporte a Ana de Hollanda, a nova ministra, Dilma decide sustar a nomeação do sociólogo Emir Sader, que presidiria a Casa de Rui Barbosa e chamou a ministra de "autista". No final de março, morre o ex-vice-presidente José Alencar, vitimado pelo câncer que combateu por treze anos.

Já a Lei da Ficha Limpa, com voto decisivo do ministro do STF recém-empossado Luiz Fux, torna-se válida apenas para as eleições de 2012, em uma reviravolta que altera as composições de assembleias estaduais e do Congresso.

Nos bastidores, o ministro Palocci já é chamado de "primeiro-ministro", uma referência ao seu poder nas casas legislativas. E o vice-presidente Michel Temer é alvo de processo no STF, por suspeição de recebimento de propina de uma empresa com interesses no Porto de Santos (SP). Em reunião na Grande São Paulo, Lula retoma a vida política dentro do PT, ao lado de José Dirceu e João Paulo Cunha, envolvidos no escândalo do mensalão petista. No exterior, a junção do pior terremoto da história do Japão (8,9 pontos na escala Richter) com um concomitante e violento tsunami resultou em uma terceira tragédia: problemas em sete reatores na usina Fukushima Daiichi colocaram o país em alerta nuclear. Em Londres, o príncipe William se casa com Kate Middleton.

29/03/2011 — Eu achava q era tentativa de queimação, mas Palocci, realmente, está mandando + q Dilma. Isso ñ é bom p/ ele, ruim p/ ela e péssimo p/ país

05/04/2011 — Mensalão não só existe, como é brasileiro e vai dar muito pano pra manga

05/04/2011 — Homens íntegros e sonhadores, Lula e Franklin Martins preferiram acreditar que Mensalão era invenção da mídia. Devem estar arrasados, agora

05/04/2011 — Há exageros, equívocos? Até pode, mas a consistência do relatório é impressionante! É preciso serenidade, dos acusadores e dos acusados

07/04/2011 — Gabrielli "Acabou Chorare" com o desmentido de Mantega. Alguém aí acha que equipe da Dilma permanece intacta até o fim do ano?

19/04/2011 — Vem cá, o comando político do governo não é da Dilma? Então, Lula e Dirceu articulando base aliada, ainda que pra eleições, constrangem!

19/04/2011 — Aliança eleitoral da base pressupõe, necessária e infelizmente, troca de cargos. Lula e Dirceu falam pelo governo. E Lula reclamava de FH

Maio de 2011

Osama bin Laden é morto por tropas dos EUA, em uma missão secreta no Paquistão — nenhuma imagem do corpo do terrorista, jogado ao mar, surge para o registro do fato. No Brasil, o STF garante todos os direitos civis a casais homossexuais, e a inflação dos últimos doze meses ultrapassa o teto da meta pela primeira vez desde 2005.

A multiplicação do patrimônio de Antonio Palocci, atuando como consultor privado enquanto era deputado, é colocada em xeque. Outro ministro, Fernando Pimentel, do Desenvolvimento, foi acusado de improbidade administrativa pelo Ministério Público de Minas Gerais, devido à dispensa de licitações para a construção de casas populares enquanto governava a capital do estado. Os casos fazem com que Lula assuma a articulação política do Planalto.

Paralelamente, a discussão sobre a anistia a desmatadores, proposta pelo PMDB na votação do novo Código Florestal no Congresso, faz com que Dilma Rousseff, que não aceita a emenda, tenha o primeiro entrevero público com seu vice, Michel Temer.

18/05/2011 — Dois PTs: em on os caras dizem que é "caso encerrado" e, em off, que é "caso perdido". Dizem que Dirceu acha que caiu por causa de Palocci

18/05/2011 — Deus não deu asa à cobra pra não voar. Palocci dobrou patrimônio como palestrante. Já pensou se ele não tivesse a língua presa? Seria Eike

23/05/2011 — Vai estourar. Vai surgir + nomes. Gente que achacava e mandava depositar nas igrejas evangélicas pra lavar dinheiro. Vem um mar de lamas aí

23/05/2011 — Palocci é apenas a ponta de um iceberg maior. Mas garanto: Dilma não tava nisso. Dilma não sabia disso e ainda não sabe da missa a metade!

23/05/2011 — Dilma é diferente. Nunca foi PT. Não tem panelinha! É séria e não sabe que seu governo tá bichado. Já veio bichado, melhor dizendo.

23/05/2011 — Dilma não é Lula. Qdo descobrir tudo, vai botar pra fora! Tenham certeza disso! Fiquem certos disso!

23/05/2011 — Vcs vão se surpreender com a Dilma! Ah, vão! O problema é q vcs se surpreendem com Palocci! Palocci é o que sempre foi. Foi até longe demais

23/05/2011 — Palocci não é má pessoa. Ele é do tamanho que é: político do interior especializado em obras públicas, qualificação pra arrecadar. Só isso!

23/05/2011 — Deram musculatura pra ele e ele teve sensibilidade pra comandar economia. Ia ser presidente no lugar da Dilma, Mas Deus é pai! Deus é Lula!

23/05/2011 — Já o meu amigo Zé Dirceu não! Esse é líder. Zé é dono do PT. Zé tem autoridade no PT. Zé tá dando beijo da morte no Palocci, só pode!

23/05/2011 — Palocci enfraquecido é o PMDB no poder!

24/05/2011 — A cada momento surgem novidades. E não vai parar por aí! Isso é pro Lula não meter o nariz em governo dos outros! Mas ele tbém não sabia!

24/05/2011 — A reforma ministerial que viria no fim do ano pode ser antecipada!

24/05/2011 — Paulo Bernardo está em alta!

24/05/2011 — Luciano Coutinho também

24/05/2011 — Para Dilma e para o país não interessa Palocci sangrando. Só para Henrique Alves, Renan e Eduardo Cunha.

24/05/2011 — Bomba: Lula disse que já está identificado o vazador do "caso Palocci". Segundo ele, um ex-secretário da Fazenda de Kassab, ligado a Serra

24/05/2011 — Segundo Lula, esse secretário fez um dossiê dos IPTUS e de todas as outras documentações dos imóveis de Palocci. Essa e outras revelações...

24/05/2011 — foram feitas há pouco no almoço com 13 senadores do PT na casa de Paulo Bernardo. Lula falou coisas bombásticas q vou divulgando aos poucos

24/05/2011 — Lula deixou claro que veio aqui fazer o que está faltando no governo: articulação política. Ele janta com a Dilma logo mais e toma café...

24/05/2011 — amanhã com todas as lideranças partidárias da base na casa de Sarney. Depois de ter puxado a orelha dos senadores, 7 deles já subiram agora

24/05/2011 — ... à tribuna para defender a Dilma. Lula ouviu muitas queixas de que não existe articulação política. Os senadores reclamaram muito do...

24/05/2011 — próprio Palocci, que não atende a ninguém e disseram que o ministro Luis Sérgio não existe como articulador político. Leiam a seguir algumas

24/05/2011 — frases proferidas por Lula no almoço. Daqui a pouco, depois dos nossos comerciais!

24/05/2011 — Comercial: Queres dobrar o patrimônio? Filie-se ao PT, dobre a língua e procure uma boa empresa de palestrantes. Voltamos já com o Palocci

24/05/2011 — Lula, concordando com as queixas de que até a Dilma se tranca: "Ela está errada. Às vezes, não querem cargos. Querem carinho. Ela precisa...

24/05/2011 — dar carinho". Lula criticou Palocci por não responder a parlamentares, mas fez uma defesa considerada consistente do ministro. Veja a seguir

24/05/2011 — "Palocci não fez nada de errado. Fez o que todos fazem. Tá tudo lá no imposto de renda dele".

26/05/2011 — Lula não veio ajudar. Veio intervir politicamente no governo, dando pitaco, dizendo o que Palocci e Dilma devem fazer. A Dilma não gostou!

26/05/2011 — Se quisesse ajudar, Lula não agiria nos holofotes. Deixou claro: ninguém tá fazendo articulação política e eu vim fazer. Foi um desastre

26/05/2011 — Com ações, palavras e obras Lula vive mostrando que o governo Dilma é fraco e que precisa sempre dele pra botar ordem na casa. Que vaidade!

26/05/2011 — Lula puxa orelha de Palocci, dá esporro em Haddad, critica Dilma pra base, xinga a mídia. Quem presta, companheiro? Delúbio?

26/05/2011 — Dilma, em 5 meses, é mais popular do que Lula. Não precisa da sua intervenção. Conselho, tudo bem. Lula pode e deve dar. Só não pode mandar!

26/05/2011 — Nem mil discursos do Aécio nem mil dossiês do Serra fariam tão mal ao governo do que a presença de Lula em Brasília!

26/05/2011 — Dilma, em discurso, mostra que está muito tranquila. Está tudo bem!

27/05/2011 — Palocci já estava enfraquecido. Agora, agredindo o vice-presidente da República e presidente do PMDB, ele mantém blindagem política?

27/05/2011 — Crise! Palocci é apenas o pivô. Decretada a guerra, os dois maiores partidos deram tréguas às facções, se uniram internamente para a guerra

27/05/2011 — Neste momento, 20h25 em Brasília, há 2 governos instalados: o da Dilma e o do Michel. O do PMDB atua no Parlamento e o da Dilma na Esplanada

27/05/2011 — Neste momento tentam fazer a pacificação: Dilma está irritada com Temer e Temer está irritado com a Dilma. Há brigas paralelas no PT. PMDB ñ

27/05/2011 — No PT: líder da Câmara briga com líder do governo, que briga com presidente da Câmara, que odeia Palocci, que é odiado pelo PT de Zé Dirceu

27/05/2011 — O PT, como diria Cazuza, é um coração partido. No meio dessa sanguinolência está Palocci se afogando, respirando com ajuda de Lula e Dilma

27/05/2011 — Palocci manda, mas rigorosamente seguindo ordens da Dilma. Foi a Dilma que o mandou ameaçar Temer com a demissão dos ministros do PMDB.

27/05/2011 — PMDB se uniu em torno do Temer, até os dissidentes! A coisa está séria. Parece guerra civil. Lula foi embora e não deixou munição. SOS!

27/05/2011 — Briga do Michel com Palocci foi séria. Michel, homem refinado, deu uma de Geddel e soltava cada palavrão!

27/05/2011 — Tentaram esconder pneumonia da Dilma e agora tentam esconder uma crise política tão grave que vai botar o PMDB unido de prontidão no Jaburu

27/05/2011 — Geopolítica: Jaburu X Alvorada, os QGs da crise! Sérgio Cabral vai pular o muro da embaixada da França e pedir asilo. Vou pra Londres

28/05/2011 — Resumo: Dilma manda Palocci ameaçar tomar ministério do PMDB. Temer responde que não brigará por "ministério de merda". O bom senso seria...

28/05/2011 — Palocci filtrar o temperamento explosivo da Dilma.

28/05/2011 — Dilma precisa entender que, como presidente da República, tem que ser conciliadora e não arrebatada, explosiva, impaciente.

31/05/2011 — Sinceridade? Houve quebra de confiança na relação Dilma/Temer. Se curar, vai ficar sempre uma cicatriz.

31/05/2011 — Sinceridade? Não pq seja Palocci, mas, qquer ministro que chegue onde ele chegou, cai! Palocci chegou ao fundo do poço!

Junho de 2011

A PRIMEIRA GRANDE CRISE DO GOVERNO Dilma traz a primeira baixa presidencial: sem conseguir convencer a Câmara sobre seu acúmulo monetário por meio de prestação de serviços de consultoria privada, Antonio Palocci deixa a Casa Civil. A senadora petista Gleisi Hoffmann assume a pasta. Uma troca é feita: os petistas Luiz Sérgio e Ideli Salvatti assumem, cada um, o ministério que o outro ocupava antes. Ideli fica com as Relações Institucionais e Luiz, com a Pesca.

A crise, no entanto, não afeta a popularidade do governo, considerado bom ou ótimo por 49% da população, segundo o Datafolha.

02/06/2011 — A PR, inexperiente, coitada, ameaça, Palocci não filtra seu destempero, vice revida, Garotinho chantageia e o poder vira uma esculhambação

02/06/2011 — Vou ser honesto: não tenho nenhuma informação. Mero palpite apenas: a gente não amanhece segunda-feira com esse quadro político indefinido ñ

03/06/2011 — Palocci perdeu o apoio do PT e, parece, que do governo também. Já é um caso resolvido, mas ainda não anunciado.

03/06/2011 — A esta altura, os jornais e revistas já estão com o obituário político de Palocci pronto. Os títulos, como sempre, criativos. Aguardemos

03/06/2011 — A Dilma é muito expressiva: fala pelo olhar. Ela não finge. Melhor, não consegue fingir. Dia D de Palocci? Não sei. Só sei q tá demorando d+

04/06/2011 — Caso Palocci: do chão não passa e, dizem, de segunda também.

06/06/2011 — Eu apostava q Palocci sairia hoje. Mas tem visita de Chávez. Então será amanhã, terça. Dizem outros que só na sexta. Questão de dias ou hrs

07/06/2011 — Um minuto a mais que o Palocci ficar será o enfraquecimento da Dilma. Até ontem, o problema era de Palocci. A partir de hoje é da Dilma!

07/06/2011 — Dilma, não demitir Palocci e deixar Zé Dirceu despachar de dentro do Palácio do Planalto? O que fizeram contigo, amiga?

07/06/2011 — Antonio Palocci não é mais ministro da Casa Civil. Caiu! O anúncio será dentro de instantes

07/06/2011 — A decisão, já tomada desde ontem, foi reafirmada numa reunião pela manhã de Dilma com assessores.

09/06/2011 — Na posse da Gleisi, a Dilma classificou de "massacre" o que a mídia tava fazendo com o pobre do Luiz Sérgio. Decidiu adiar sua queda.

09/06/2011 — A queda já tava anunciada antes mesmo do caso Palocci. Luiz Sérgio não se adaptará ao modelo centralizador de Palocci.

09/06/2011 — Em resumo, hoje, definitivamente, não teremos mais novidades. Amanhã, com certeza. Dois ministros por semana é uma média boa. São muitos!

10/06/2011 — Luiz Sérgio não é mais ministro

10/06/2011 — Se já não o fez, Dilma deve tá comunicando agora

10/06/2011 — Ideli é a nova ministra

12/06/2011 — Vcs já pararam pra pensar como tudo aconteceu? Não, o furacão Lula mudou a ventania, mas o 1º raio da tempestade foi o Código Florestal.

12/06/2011 — A briga PMDB X Governo se deu por conta do Código. Dilma achando que era assunto de governo. Temer, sensato, que era assunto da sociedade.

12/06/2011 — É possível q, c/ governo dividido entre Dilma X Temer, vivandeiras petistas rondem quartéis do PMDB e cassandras do PMDB rondem o Planalto

13/06/2011 — Esse negócio de eu dizer que sei quem cai ou não me levou ao 1º atrito ontem, no São João do Gil. Olhei pro Orlando Silva pra ver se era...

13/06/2011 — ele mesmo, e o ministro, já nervoso, diz pra mim: "O que foi que tá me encarando, rapaz?!"

13/06/2011 — Abracei o Haddad. E ele: "Tá me abraçando por quê? O que eu fiz?". Virei grilo-falante da Dilma, porta-voz das demissões.

16/06/2011 — Com o atual time de ministros, Dilma não vai a lugar nenhum. Ela quer fazer uma lipoaspiração ministerial já no fim do ano.

16/06/2011 — Dilma não gosta de nenhum ministro que herdou de Lula. Quer manter só o Guido. Não pq seja bom, + pq é mal necessário. Haddad já quer sair

16/06/2011 — E do PMDB, o único ministro que a Dilma gosta é do Edson Lobão, das Minas e Energia.

20/06/2011 — Segundo o Zé Dirceu, o maior erro do primeiro governo Lula foi não ter dado a devida atenção ao PMDB. Dilma, ouça a voz da experiência!

Julho de 2011

O mês começa com o dólar recuando ao seu menor nível desde a maxidesvalorização do real, em 1999. O ministro dos Transportes e presidente do PR, Alfredo Nascimento, pede demissão de sua pasta, envolvida em denúncias de corrupção e superfaturamento de contratos. Em entrevista, Dilma afirma que a "faxina" não está limitada por nada, nem é uma ação específica contra nenhum partido, o que prova ao demitir do Departamento Nacional de Infraestrutura de Transportes (DNIT) o petista Hideraldo Caron.

No Reino Unido, o tradicional tabloide *News of the World*, do magnata das comunicações Rupert Murdoch, é envolvido em um esquema de grampos telefônicos sem precedentes — o jornal tem suas atividades encerradas, mas o caso causa um efeito dominó que afeta o governo e derruba os homens-fortes da Scotland Yard. Na Noruega, dois atentados realizados por cidadãos de extrema-direita deixam 93 mortos.

03/07/2011 — Alfredo Nascimento não se sustentará no cargo. Todos os caminhos das maracutaias levam a ele. É + uma herança maldita de Lula pra Dilma

03/07/2011 — Nascimento sempre foi xodó de Lula. Seu caso é muito pior do que o de Palocci. Só que ele não tem defeito novo. Mas é muito envolvente.

03/07/2011 — O ministro era pra ser Paulo Sérgio Passos. Dilma adora ele. Mas foi obrigada a aceitar a imposição de Lula. Passos revelou-se na campanha

04/07/2011 — Contrariando todas as informações e expectativas, Dilma recebeu e deu apoio a Nascimento. Pior: mandou ele comandar investigação!

04/07/2011 — Oposição garante que vai ter CPI

04/07/2011 — Qual deve ser a força de Nascimento no Governo? Por menos, Palocci foi demitido! Aí tem! Com Lula, também a mesma coisa. Que coisa!

06/07/2011 — E atenção, Brasília urgente!!!!!! Governo volta atrás e manda Polícia Federal entrar no caso. É o bota-fora pro Nascimento

06/07/2011 — Dilma havia prometido a Nascimento não botar a PF no caso. Mas a PF já tá no caso, a mando do Cardozo, que é mandado dela! Dilma, eu sabia!

11/07/2011 — Só tenho certeza de uma coisa: se Dilma confirmar Sérgio Passos nos Transportes, Pagot, Blairo e Nascimento viram a mesa

11/07/2011 — 1 Passo à frente, 1 passo atrás. Resultado: governo começa a romper resistências. E Paulo Sérgio caminha a passos largos rumo ao Transportes

11/07/2011 — PR, me diz um amigo do Planalto, já começa a flexibilizar. E Passos pode ser confirmado no cargo. Eis a grande notícia da noite.

11/07/2011 — Reviravolta às vésperas do depoimento de Pagot. Eu, que havia dito que PR romperia se Passos fosse confirmado, soube agora que há negociação

11/07/2011 — Veja como a gente erra: eu jurava, pelos depoimentos deles próprios, que PR romperia se Passos fosse confirmado no cargo. Eu estava errado.

11/07/2011 — Os sete senadores do PR já aceitam Passos. O problema é na Câmara, entre os 42 deputados. Mas eles vão acabar se rendendo ao desejo da Dilma

11/07/2011 — Por tudo isso, posso adiantar que dificilmente Paulo Sérgio Passos deixará de ser confirmado no cargo de ministro dos Transportes.

12/07/2011 — E chega de demissão, Dilma! Vamos guardar estoque pro fim de ano. Daqui a pouco, só ficamos tu, Helena, Gleisi, Ideli e eu.

12/07/2011 — E o Orlando Silva que não toma jeito não! Já esteve na bola sete. Recuperou-se, mas a Dilma e eu tamos de olho em ti.

18/07/2011 — Dilma não esconde de ninguém que está satisfeitíssima com a Gleisi Hoffmann na Casa Civil. Só se refere a ela como "a minha Dilma".

18/07/2011 — Dilma tem que botar na cabeça: não há inocente no ministério dos Transportes. Há que se ter cuidado tbém pra não paralisar o órgão. Devagar!

18/07/2011 — Amanhã é o Dia D de Pagot. Amanhã cedo ele saberá se continua ou não na direção do DNIT. É um dia importante. Fiquemos atentos

19/07/2011 — Político nunca comete crime. São sempre perseguidos e vítimas de armação. Pagot diz que armaram contra ele. Ele não fez nada.

19/07/2011 — Ninguém roubou, ninguém superfaturou. Tudo é armação. Como diz Millôr: "Me deem mil atos de absoluta moralidade e eu construirei um bordel"

23/07/2011 — Leia a entrevista da Dilma aqui http://t.co/UtSUJ-Cqhttp://glo.bo/ndVVk8

28/07/2011 — Ontem, reunido com ministros, Gilberto disse que tinha q correr pro Alvorada pq Dilma ia demitir Jobim. Hj todos negam. Mas tem coisa aí!

28/07/2011 — Pra ser mais exato, Gilberto disse: A Dilma tá muito zangada e pensa em demiti-lo

29/07/2011 — Pelas fontes, está fora de cogitação a saída de Nelson Jobim. Mas, pela 1ª vez, não estou acreditando. Tem algo no ar. Acho que pode sair.

29/07/2011 — E atenção: Dilma está pensando em demitir mesmo Jobim na segunda-feira. Ministros e assessores tentam demovê-la. Ela está babando de ódio.

29/07/2011 — Dilma acha que Jobim está reiteradamente desafiando a sua autoridade de presidente da República. " E isso não admito", teria dito.

29/07/2011 — Mas, se Jobim tiver a modéstia de procurá-la para pedir desculpas, ela pode se derreter, contou-me um amigo dela. "A raiva dela passa logo"

29/07/2011 — E atenção: Lula, depois de elogiar Jobim na ESG entrou em campo pra tentar conter crise entre Dilma e ministro da Defesa. Lula janta c/ ela

Agosto de 2011

Após admitir ter votado em José Serra na última eleição e dar declarações constrangedoras para o governo na revista Piauí, Nelson Jobim deixa o Ministério da Defesa, que é assumido por Celso Amorim. Ainda na Esplanada, a Polícia Federal prende 35 pessoas envolvidas em desvios de recursos do Ministério do Turismo. O mês revolto prossegue com demissão de Wagner Rossi, ministro da Agricultura, que admitiu ter utilizado jato particular de empresa do ramo da agropecuária.

No setor industrial, Dilma adota nova política que pretende proteger e alavancar as indústrias de calçados, confecções, móveis e software do Brasil, mas veta aumento real para aposentados em 2012. Enquanto isso, as bolsas de valores mundiais se desvalorizam fortemente e entram em alerta após os EUA terem sua nota de investimento rebaixada pela Standard & Poor's — a mesma agência elevou a perspectiva do *rating* brasileiro de estável para positiva.

No Rio, a juíza Patrícia Acioli, linha-dura contra policiais atuantes em grupos de extermínio, é executada com 21 tiros.

03/08/2011 — Jobim fica, decidiu Dilma!

04/08/2011 — Depois da entrevista à Piauí, ou cai Jobim ou cai a Dilma. Os dois é que não podem ficar. Vira esculhambação da República!

04/08/2011 — Só quero saber de uma coisa: Jobim teve a honestidade intelectual de avisar os bombeiros da crise que havia dado essa entrevista à revista?

04/08/2011 — E atenção, urgente: Dilma, que havia adiado a saída de Jobim, não vai esperar mais ministro pedir demissão. Deve demiti-lo até o fim do dia

06/08/2011 — Dilma não pode ver um ministro na mídia e já quer demitir. Tá certa, ministro não é pra ficar aparecendo no jornal. Nem no gabinete dela!

07/08/2011 — Eduardo Cunha tá aproveitando a situação para jogar o PMDB contra o governo, já que anda mal nos dois

08/08/2011 — Meu Deus! A coisa na Conab é muito mais séria do que eu imaginava. Nomeações indevidas envolvendo gente importante. Gravíssima a situação

08/08/2011 — O Planalto tá fora disso tudo, graças a Deus! O impasse envolve cardeais do PMDB. Crise interna pra ninguém botar defeito!

09/08/2011 — Eu não queria estar na pele da Dilma. A não ser que Temer e Sarney, como acredito, entrem no caso para faxinar os 2 ministérios.

09/08/2011 — Dilma está tendo cuidados até exagerados de blindar o Palácio dessa briga interna do PMDB. Ela não quer briga com PMDB. PMDB tem que agir

18/08/2011 — A demissão de Rossi, na verdade, surpreendeu. Ele se antecipou ao que poderia vir por aí. Notícia continua sendo a permanência de Novais

23/08/2011 — O PT era o diferencial, a ética. PT expulsou Ulysses Guimarães do seu palanque. Era puro. Hoje o PT é a nossa devassa.

24/08/2011 — Acabou há pouco jantar da Dilma com PMDB no Jaburu. Amável, extremamente amável, principalmente com Temer, enalteceu aliança com PMDB.

24/08/2011 — Dilma disse pra base que não vai mais demitir ninguém. Eu lembrei da imponderabilidade, que na política é a história da nuvem se deslocando

24/08/2011 — Pois começo a achar que Dilma vai ter que demitir brevemente o ministro Negromonte. O que está vindo à tona desse homem é uma loucura.

25/08/2011 — Dilma vai querer fazer a reforma ministerial em dezembro mesmo. Assim, 2011 terá sido o ano das demissões e, 2012, o das realizações.

Setembro de 2011

As denúncias de corrupção e prisões no Ministério do Turismo fazem com que Pedro Novais (PMDB) peça demissão da pasta, sendo o quinto ministro a cair no governo Dilma; Gastão Vieira, ligado ao clã Sarney, assume. A mil dias da Copa do Mundo de 2014, a Lei Geral da Copa é assinada por Dilma e enviada ao Congresso, mas ainda há muito a ser feito: 52 obras de infraestrutura sequer foram iniciadas.

Ainda em Brasília, o TSE autoriza a criação do PSD, legenda de Gilberto Kassab. O STF torna Paulo Maluf (PP) réu por lavagem de dinheiro, juntamente com mais sete membros de sua família. E Aécio Neves toma a frente do PSDB, se lançando candidato à presidência em 2014.

Já o FMI piora todas as projeções de crescimento para a economia mundial em 2011 e 2012, inclusive do Brasil. Dilma, na ONU, defende a união dos países para enfrentar a crise econômica global, alertando para o risco de ela se tornar uma "grave ruptura social e política".

12/09/2011 — Se dependesse do PT de Rui Falcão, Dilma não falava pra chamada grande imprensa. Só para o site do PT e agregados.

12/09/2011 — O PT quer esconder a Dilma por um motivo simples: qdo ela dá entrevista, fica evidente pro público que ela não tem nada a ver com o PT.

17/09/2011 — Dilma devolve ao Congresso ministros podres pela corrupção e fica por isso mesmo. Não! Esses demitidos devem ser investigados!

17/09/2011 — O Ibama deveria multar a Dilma por jogar lixo no quintal do vizinho: roubou, volta pro Congresso! O que é isso? Aterro sanitário?

22/09/2011 — Tudo em nome do amor. O amor me cega e me impede de criticar Campos por mobilizar o país pra eleger a mãe pro TCU. Acabo achando isso lindo!

22/09/2011 — Na verdade, a gente devia estar triste: o cara que surge como esperança pra mudar o país, usa o cargo público pra botar a mãe no TCU.

22/09/2011 — Pior do que Campos, que é bom filho, é a outra esperança, Aécio Neves, entrar na dança por interesse eleitoreiro! Estamos bem de esperanças

22/09/2011 — E o Aécio, que vergonha! Não assopra bafômetro, mas puxa saco de governador. Melhor, se tivesse bebido, aí pensaríamos que apoiou de porre!

27/09/2011 — Dilma Rousseff é a 1ª presidente que sofreu na pele os horrores da ditadura! Não será no seu governo que o país irá transigir c/ assassinos

27/09/2011 — Em matéria de como devemos resolver o impasse da punição, eu sou todo Tarso Genro. Totalmente Tarso Genro. Só nessa questão, viu, Dilma!

29/09/2011 — E não é que Aécio Neves se lançou, finalmente, candidato à presidência da República! Deve tá querendo entrar pra ABL, como candidato imortal

29/09/2011 — Acabo de falar com Aécio. Ele me disse que se lançou pq o PSDB precisava sinalizar para o país e pra todos partidos que tem projeto p 2014

29/09/2011 — Aécio tá certo. Acabou o tempo de ficar esperando. Lula já antecipou a sucessão desde o 1º dia do governo da Dilma. Por que enrolar?

Outubro de 2011

Dilma aceita readequar pontos da Lei Geral da Copa que desagradaram a Fifa. Orlando Silva (PCdoB), ministro dos Esportes, é acusado de repassar verbas irregularmente a ONGs, e pede demissão; o partido não perde a pasta, que comanda desde o governo Lula, e o ministro passa a ser Aldo Rebelo. Devido a essas denúncias, Dilma ordena uma devassa em todos os convênios firmados entre o governo e ONGs.

Seu companheiro, o ex-presidente petista revela estar com câncer na laringe, e segue para tratamento. Mas no cenário internacional, o mundo assiste a duas mortes marcantes: a de Steve Jobs, o gênio da tecnologia e cofundador da Apple, vítima de um câncer no pâncreas; e a de Muamar Kadafi, comandante da Líbia por 42 anos morto pelas mãos dos rebeldes. No mesmo dia da morte de Kadafi, o grupo separatista ETA anunciou, na Europa, o fim da luta armada pela libertação do País Basco.

01/10/2011 — A família Maluf é incrível. Toda ela indiciada, até a terceira geração. Parece Martini Rosso: de pai para filho, desde 1863

07/10/2011 — Atenção, vem aí uma bomba pelo lado do PT na eleição paulista: Haddad está deixando o MEC, como venho dizendo desde 1940! E já! Ele nega!

10/10/2011 — Lula quer que o Haddad saia logo. Concordo. Não se serve a 2 srs: a campanha e o MEC. Acabam sendo mal feitas, as duas coisas. Sai, fofo!

11/10/2011 — A faxina da Dilma tá empacada aí no Negromonte. Pelo que me dizem faltam 90 dias pra reforma e aí começar um governo só da Dilma.

19/10/2011 — Culpado ou inocente o ministro dos Esportes, a mídia não pode dar voz a um acusador sem provas. E desqualificado.

21/10/2011 — E atenção: Dilma considera insustentável permanência de Orlando e sugere que ele peça demissão ainda hj, antes das revistas de fim de semana

21/10/2011 — E atenção: Orlando é o 1º ministro que cai sem ter fugido às explicações, tendo pedido ele próprio a apuração.

21/10/2011 — Não entro no mérito se Orlando é ou não culpado, mas nós demos credibilidade a 1 denunciador sem provas e sem autoridade moral para fazê-lo.

21/10/2011 — Não dei barriga. Dilma ia sugerir a Orlando pedir demissão. Ele e o PCdoB preferem 1º provar inocência pra poder sair de cabeça erguida.

24/10/2011 — Lula e Dilma de cocar, no Amazonas. (só isso)

24/10/2011 — Dilma, vamos animar esse governo! Tenho dó da Dilma. Nos governos anteriores, preguiçosos eram os presidentes. No dela, alguns ministros

24/10/2011 — A gente bem que podia fazer uma pegadinha e gritar no meio da Esplanada: "A Dilma vai demitir todos que não trabalham!" O PAC ia pro céu!

24/10/2011 — Finalmente, consegui falar agora com Orlando Silva. É aquilo que sempre eu disse: inocente ou psicopata. Não tem outra opção!

26/10/2011 — E atenção: Às 15h, o ministro Orlando Silva entregará a sua carta de demissão à presidente Dilma.

29/10/2011 — Portanto, viva Lula! Torcida nacional pelo seu pronto restabelecimento. País fica triste, mas esperançoso: tudo vai dar certo. Ele tem sorte

31/10/2011 — Na quinta à noite, o comunista Aldo jurou por Deus que não seria ministro, numa conversa comigo. No dia seguinte, tava nomeado (segue).

31/10/2011 — Qdo ele me ligou preu convidar o pessoal de MT, dei uma de Cristiana Lobo (depois eu conto a história dela) e falei: "Eu não vou (segue)

31/10/2011 — pra que o senhor não tenha o constrangimento de me ver na sua posse, depois de o sr. ter jurado por tudo que é mais sagrado que não (segue)

31/10/2011 — seria ministro de jeito nenhum". Sabem o q ele me respondeu? Vejam só: "Pois não é, camarada?!" É impossível ficar com raiva desse homem!

31/10/2011 — Como a Dilma, Lula não escondeu a doença. Ao contrário de Serra, que esconde FH nas campanhas!

Novembro de 2011

Marta Suplicy, em favor de Fernando Haddad, desiste de concorrer à prefeitura de São Paulo pelo PT. O ministro do Trabalho, Carlos Lupi, se vê às voltas com denúncias do TCU acerca do descontrole na fiscalização de convênios com ONGs. No STF, Dilma indica Rosa Weber para a vaga deixada por Ellen Gracie.

Na Bacia de Campos (RJ), o vazamento de petróleo no Campo do Frade, sob responsabilidade da petrolífera Chevron, preocupa; empresa americana, acusada pela Agência Nacional do Petróleo (ANP) de mentir, não cumpre plano de emergência para acidentes e é proibida de continuar perfurando poços no país.

Na Grécia, a crise persiste: após voto de confiança dado ao premier grego pelo Parlamento para um pacote de austeridade, George Papandreou anuncia sua renúncia ao cargo. No Egito, um segundo levante popular exige a saída dos militares que substituíram Hosni Mubarak no comando do país.

03/11/2011 — O erro de pessoas honestas como a Marta, e aí entram Lula, FH, Serra e a maioria, é que elas não roubam, mas convivem com os que fazem isso.

03/11/2011 — Marta tem que ser como Dilma: não basta ser honesta, deve parecer honesta. Se bem que a Dilma ainda nos deve o Negromonte.

08/11/2011 — O Congresso já faz regimento safado pra atrelar presidente da República. No Brasil, PR é refém de um presidencialismo fajuto, mesmo com MP.

08/11/2011 — Presidente não pode demitir corrupto pq partido que indicou corrupto ameaça não votar. A gente noticia isso com naturalidade.

12/11/2011 — A Foto de Lupi no jatinho e as declarações do empresário Adair Meira são provas contundentes de que o ministro mentiu.

15/11/2011 — A não ser que Dilma queira destruir completamente a imagem do seu ex-partido, o PDT, Lupi deve cair antes da reforma de janeiro.

Dezembro de 2011

A Síria, segundo a ONU, já vive um estado de guerra civil com a intensificação da repressão governamental aos seus oponentes. Na Coreia do Norte, a morte do ditador Kim Jong-il guinda ao poder seu filho, Kim Jong-un. Já o Brasil se torna a sexta maior economia do planeta.

Mas nem tudo são flores: Carlos Lupi, do Trabalho, é o sétimo ministro de Dilma a cair. Marcos Valério, operador do mensalão petista, é preso sob a acusação de usar fazendas fantasmas como garantia de empréstimos e dívidas.

No primeiro plebiscito nacional sobre a divisão de uma unidade federativa, os eleitores do Pará, por ampla maioria, dizem "não" à criação dos estados de Tapajós e Carajás. Ídolo brasileiro, dentro e fora dos gramados, Sócrates, craque da Seleção e do Corinthians, morre no mesmo dia em que o clube paulista se consagra campeão nacional pela quinta vez.

02/12/2011 — Dilma tá fazendo oposição a si mesma pq reza a democracia: sem oposição, ñ há governo. Alguém tem q governar. Dilma, tô contigo: Lupi neles.

02/12/2011 — Eu brinquei, mas foi verdade: até a mulher do FMI recomendou a cassação do Lupi. Mas a Dilma é teimosa como "Fulana" qdo cisma com 1 coisa!

03/12/2011 — Dilma, depois de tudo o que passou, hj é presidente de todos os brasileiros, ladrões ou democratas; de todos os lares, templos ou lupanares!

05/12/2011 — Dilma não foi poste de Lula. A coisa tava tão feia que nem poste havia. Dilma não foi nem aposta. Foi desespero mesmo. Hj é melhor que todos

05/12/2011 — Dilma, em pouco tempo, superou no período, FH e Lula.

06/12/2011 — Dos q caíram, só Orlando não tava na conta. Até Jobim, por outro motivo, foi surpresa ser nomeado. "Não vai dar certo", até Dilma dizia.

06/12/2011 — No PT, se a Dilma ñ quiser reeleição, único capaz de seguir com o projeto é Tarso Genro. Ou ele ou se encerra o ciclo PT.

06/12/2011 — No Brasil existem duas coisas que se pudessem ser despoluídas totalmente seriam uma bela: a Lagoa Rodrigo de Freitas e o PMDB.

06/12/2011 — Em determinado momento do seu crescimento, Aécio ficou confuso por causa dos paparicos do Lula, do DEM, do PMDB e do PSDB. Se perdeu aí!

06/12/2011 — Aécio foi guindado merecidamente à condição de esperança nacional: vacilou entre ser governo ou oposição. A estrada era dele, tava pra ele.

06/12/2011 — Eduardo Campos veio no embalo do "não tem tu, vai tu mesmo". Falam da vida pessoal do Aécio. Ele tira de letra. Já Campos tá minado.

06/12/2011 — As supostas farras do Aécio não serão nada diante de uma revirada nos precatórios da CPI do Congresso qdo Campos era secretário do avô.

07/12/2011 — A recessão chegou ao Brasil bem antes do Papai Noel. Agora é que quero ver a competência da equipe econômica diante desse quadro.

10/12/2011 — Dilma Terezinha: O 2º em mim não votou/ esculachou minhas ministras/ as chamando de perdidas/ me tirou Forças Armadas e assustada o demiti

15/12/2011 — O Supremo Tribunal Federal da República Federativa do Brasil autorizou a posse de Jáder Fontenelle Barbalho no cargo de Senador da República.

17/12/2011 — Dilma repete Lula. A coincidência me arrepia. 1º, Lula, Palocci quis sair. + p/ frente: "Afastei Palocci e Zé Dirceu". Dilma ainda vai dizer

17/12/2011 — Por que presidentes não gostam de assumir: "Eu demiti ministro fulano de tal por isto e por aquilo".

17/12/2011 — Negromonte, então, só sai se quiser. Vai ser demitido e depois Dilma vai dizer: "quis sair!" Não gosto disso!

Janeiro de 2012

O início do ano traz, com ele, um aumento no fluxo de imigrantes ilegais haitianos, que chegam ao Brasil principalmente pelo Acre, o que leva o governo a um maior controle de suas fronteiras. Em outra frente, Dilma sanciona lei que prevê investimento adicional imediato de R$ 3 bilhões na saúde.

A reforma ministerial é colocada em prática: Aloizio Mercadante substitui Fernando Haddad na Educação e Marco Antônio Raupp assume a Ciência e Tecnologia. O ministro das Cidades, Mário Negromonte, colocou seu cargo à disposição. A demissão do chefe do Departamento Nacional de Obras contra a Seca (DNOCS), Albert Gradvohl, inicia um novo embate de Dilma com o PMDB.

04/01/2012 — Kirchner opera, Lula começa radioterapia, Chico Anysio ainda respira por aparelho e Temer se recupera. Chega, né?! Traga Saúde, 2012! Já!

05/01/2012 — Michel Temer soube abusar. Só em 2011 teve 5 infecções intestinais e 3 internações, por gula! Graças a Deus, sai amanhã do hospital!

05/01/2012 — O Michel Temer tem estômago de avestruz. É impressionante! Sr. vice-presidente, espero que o senhor agora seja mais moderado!

10/01/2012 — Tenho muitos amigos preguiçosos no ministério da Dilma. Paulo Bernardo não é o único, mas é o maior deles.

10/01/2012 — Infelizmente, a Dilma não teve muita sorte com seu ministério. Claro que nem todos, mas, em sua maioria, quem ñ rouba, é preguiçoso.

17/01/2012 — Agora, parece que é mesmo definitivo: a mudança ministerial da Dilma começa na terça, dia 25. Por enquanto, sai Haddad e entra Mercadante.

17/01/2012 — E aí alguém vai pro lugar de Mercadante. Haddad deixa o MEC às vésperas de completar 49 anos.

24/01/2012 — Gozado, hj Dilma é a paixão platônica e secreta da maioria dos jornalistas. Mas ninguém assume. Até dos que, também secretamente, eram Serra

25/01/2012 — Se o Planalto divulgasse as broncas da Dilma no seu ministério, essa mulher perpetuaria no poder. O povo queria alguém assim!

26/01/2012 — PMDB tá fervendo: Parece que Moreira e Geddel andam queixosos de Temer. Bancada solidária com Henrique Alves. PMDB do Senado chiando.

26/01/2012 — Temer parece que tentou amenizar desprezo da Dilma na doença. Dilma não ligou pra ele. Enfim, o caldeirão vai explodir.

26/01/2012 — PT também tá em crise total. Alto escalão do MEC rejeita Mercadante. Marta está mais revoltada do que nunca.

26/01/2012 — Politicamente, o governo vai mal. Mas vai mal demais. Não tem ninguém com autoridade para falar grosso no comando político. Só Dilma.

26/01/2012 — Se, politicamente, o governo tá fraco, a oposição tá pior: FH brigando com Serra. Tucanos viram as costas para o país e só cuidam do ninho

26/01/2012 — Governo fraco + oposição fraca não aguentam um tranco. Ainda bem que no Brasil só se briga por cargos e candidatura. O povo que se dane.

26/01/2012 — A política brasileira vive o momento da sua maior mediocridade de todos os tempos: falta de líderes! Não há líder nem no governo nem na op!

27/01/2012 — É grave, muito grave, a crise entre o governo e o PMDB. Por causa da política social? Econômica? Não, por causa de cargos!

Fevereiro de 2012

Com a saída de Negromonte, o ministério das Cidades continuou com o PP: quem assume é o líder do partido na Câmara, Aguinaldo Ribeiro, que responde a ações no STF.

O Supremo fica em destaque também ao definir que a Lei da Ficha Limpa, após questionamentos sobre sua constitucionalidade, é válida já para as eleições de outubro.

A Justiça de Minas condena Marcos Valério a nove anos e oito meses de prisão por sonegação fiscal e falsificação de documentos públicos; ele se torna o primeiro condenado em investigações do mensalão petista. Outra marca inaugural é a privatização de três dos principais aeroportos do Brasil (Guarulhos, Campinas e Brasília), na primeira grande ação de um governo petista em um modelo de concessão pública. A Petrobras tem nova presidente, a engenheira Graça Foster, que assume no lugar de José Sérgio Gabrielli.

A PF prende Carlos Augusto Ramos, o Carlinhos Cachoeira, durante a operação Monte Carlo, que investigou a exploração de máquinas caça-níqueis em Goiás. Marcelo Crivella, do PRB e ligado à Igreja Universal, é nomeado ministro da Pesca, em substituição ao petista Luiz Sérgio.

01/02/2012 — Aqui, cadelinha de Lula andou numa kombi da presidência e Lula quase foi "impichado". Nos EUA, cão de Obama na limusine é divulgado a favor!

03/02/2012 — Tá no Panorama Político do Globo ministro dizendo que fica bem c/ a presidente quem ñ fala com jornalista. Ministro, quem não rouba tbém!

03/02/2012 — Dilma, amiga, com todo respeito, já tiraste radiografia dos seus dedos? Como eles são ruins pra indicar ministro. O novo já vem com defeito.

07/02/2012 — A sofisticação da política chegou a tal nível que ministro já toma posse junto com as denúncias, assim a mídia ñ precisa nem mais investigar

07/02/2012 — O governo só nomeia ex-processados. Não vou estranhar que daqui a pouco nomeie ex-condenados. Não existe ex-corrupto, gente!

17/02/2012 — Era previsto: eleições municipais de SP serão prévias presidenciais. Mídia toda voltada pra lá. Resto é resto, inclusive RJ e MG.

28/02/2012 — A nível de Nação, oposição fraca põe democracia na berlinda. Oposição fajuta incentiva governos fortes. Governo forte gera autoritarismo.

29/02/2012 — No Brasil, nem os radicais do PT conseguem. Só quem pode nos levar ao autoritarismo é a incompetência política da oposição.

29/02/2012 — Vou cobrar da Dilma demissão intempestiva do Borat: Ele não roubou, não matou, não fez nada. Borat é incapaz de fazer alguma coisa, Dilma!

Março de 2012

São divulgados os dados do Produto Interno Bruto (PIB) de 2011, que mostram desaceleração: o crescimento do PIB caiu de 7,5% em 2010 para 2,7% em 2011. Mesmo assim, o Brasil se consolida como a sexta maior economia do mundo.

Na Confederação Brasileira de Futebol (CBF), Ricardo Teixeira deixa o cargo, sem respaldo político e alvo de denúncias de corrupção, deixando José Maria Marin em seu lugar.

Há baixas também no Planalto: Dilma demite Afonso Florence, ministro do Desenvolvimento Agrário, pelo seu fraco desempenho à frente da pasta, nomeando o gaúcho e também petista Pepe Vargas para o seu lugar. O PMDB, comandado no Senado por Renan Calheiros, escolhe Romero Jucá para ser o relator do Orçamento, num desafio a Dilma, já que a presidente afastara o político da liderança da Casa.

Na França, sete pessoas são assassinadas por um atirador franco-argelino, reacendendo no país o medo do radicalismo islâmico. Março de 2012 é também o mês em que o humor e as artes perdem Chico Anysio e Millôr Fernandes.

01/03/2012 — Dilma, querida, ouça o secular provérbio chinês: "Em vez de dar o ministério a Crivella, melhor é ensiná-lo a pescar."

01/03/2012 — Prenderam o Cachoeira! Pra quê? Só se foi pra construir uma hidrelétrica!

07/03/2012 — Médicos ñ sabem ainda o foco da infecção de Lula. Mas políticos sabem o foco da infecção do PMDB: Geddel. O cara não é mole não, meu irmão.

14/03/2012 — País na situação q sabemos e governo se ocupando de crise política por cargos. Muitos nomes, cargos e informações. Leitor fica desorientado

14/03/2012 — Eu queria ver Renan brigando com a Dilma por conta do melhor programa pra Educação. Romper por causa dos juros.

16/03/2012 — Estão em baixa com a Dilma neste momento: Sarney, Renan, Geddel, Henrique Alves e o deputado que está me processando.

16/03/2012 — Estão em alta neste momento com a Dilma os seguintes líderes partidários: Nenhum. Não fazem nada do que obrigação de defender o governo.

17/03/2012 — Realmente, a Dilma é tão sozinha que nem base mais tem. No Palácio, só ela, as meninas e aqueles fofoqueiros que lá tem.

24/03/2012 — Dilma, graças à ministra Helena Chagas, hj tem excelente relação com a mídia. Recebe jornalistas pra jantar, lanchar e tomar café. Viva!

24/03/2012 — Dilma tirou o tema "problemas com a mídia" da pauta. O PT deve querer matá-la por isso. E os jornalistas vivem felizes.

31/03/2012 — Daqui a alguns dias, em vez de Carlinhos Cachoeira, teremos Carlinhos Tsunami. Se abrir a porteira será um Deus Nos Acuda!

31/03/2012 — Com Carlinhos Cachoeira, mexeram num vespeiro. Demóstenes ñ será o único nem o último. Muita água debaixo da ponte tem pra passar.

Abril de 2012

Demóstenes Torres se desfilia do DEM, evitando a expulsão. Rede de Carlinhos Cachoeira alcançava chefe de gabinete de Marconi Perillo (PSDB), governador de Goiás. A Polícia Federal grava setenta conversas entre o bicheiro e o deputado goiano Carlos Alberto Leréia (PSDB); incriminado, o político é incluído no organograma da Operação Monte Carlo. O Congresso aprova uma CPI mista para investigar Cachoeira. Governo lança sexto pacote de incentivo à indústria e, em especial, à indústria automotiva, para estimular a economia — um esforço ao qual se unem Banco do Brasil e Caixa Econômica, que derrubam juros e linhas de financiamento para forçar concorrência de mercado.

O STF, em decisão histórica, decide que o aborto de fetos sem cérebro não é crime; a corte também declara a constitucionalidade das cotas raciais em universidades.

De acordo com o Ibope, a aprovação de Dilma Rousseff chega a 64% — um recorde. Em visita aos EUA, Dilma e Barack Obama se comprometem a buscar eliminar a exigência de visto entre os dois países.

02/04/2012 — DEM vai expulsar Demóstenes ainda hoje — Rádio do Moreno — O Globo http://t.co/Bzr7PnxD

02/04/2012 — Demóstenes cai, levando o fardo da vergonha. Mas não sai como um bandido, propriamente. "Anti-herói" seria mais generoso.

02/04/2012 — A última coisa que os políticos vão defender, no caso do Cachoeira, seria delação premiada. Cai metade da República!

17/04/2012 — Lanchas, helicópteros, jatinhos, pousadas, cachoeiras, praias. Isto não é um país. É uma colônia de férias. Com cara de colônia penal.

17/04/2012 — E tem gente aí apostando numa crise institucional, via desmoralização d judiciário, p/ salvar pele em mensalão. E com a ajuda de "patriotas"

17/04/2012 — Tenho visão otimista da política neste momento: Pela 1ª vez temos crise e ñ chamamos de crise. E a lama vai espirrar em todos os partidos.

17/04/2012 — Em vez de provar inocência dos mensaleiros, PT tentou cavalo de pau pra melar o jogo e ficou melado tbém.

17/04/2012 — A equação é simples: Cachoeira + Cavendish = esquema de propina a políticos. A origem é sempre a mesma que passou por PC, Rick Sérgio e MV.

17/04/2012 — Mudam-se os nomes, mas o comando do país é das empreiteiras. PC, RS, MV e Cachoeira se sucederam. Outros virão.

17/04/2012 — No governo Dilma ninguém pensa, em termos de consequência. Dane-se! Ela nunca foi do ramo! Vamos salvar os profissionais! Covardes!

18/04/2012 — Não teve CPI do "Fim do Mundo"? Esta é a CPI do mundo todo. Será uma catarse moral do país. Brasil será outro depois dela.

18/04/2012 — Se vai parar o país? Não. No máximo, o governo. Mas, do jeito q tá, governo é q nem Kombi: perigoso, até parado!

22/04/2012 — Datafolha: Com 15 meses de governo, FH tinha 30%, Lula 38% e Dilma 64% de popularidade. Então, povo gosta de demissão de malfeitores (segue)

22/04/2012 — convivência com FH, convivência com mídia, troca de lideranças, crítica ao Irã e distância de aloprados e corruptos. Parabéns, Dilma!

Maio de 2012

Brizola Neto assume o Ministério do Trabalho, a contragosto do presidente de seu partido (o PDT) e ex-ministro da pasta, Carlos Lupi. O governo anuncia mudança na taxa de correção nas cadernetas de poupança, em mais uma medida visando a redução dos juros.

Dilma anuncia também integrantes e instala a Comissão da Verdade, que investigará violações de direitos entre 1946 e 1988. Entra em vigor a Lei de Acesso à Informação Pública, que permite acesso livre a dados oficiais. Suposto teor do encontro entre Lula e o ministro Gilmar Mendes irrita oposição. Devido principalmente a fatores externos, como a crise grega, o dólar ultrapassa a casa dos R$ 2, maior valor da moeda desde julho de 2009. A França elege presidente o socialista François Hollande, derrotando o atual presidente Nicolas Sarkozy.

10/05/2012 — Eu já falei aqui sobre essa nota do Jardim: Lula chegou a demitir Sérgio Machado, mas recuou qdo soube que era da cota do Renan Calheiros.

10/05/2012 — Se a Dilma demitir Sérgio Machado, vou me ajoelhar diante dela em reverência, ñ q eu tenha algo contra Machado, mas pela coragem dela.

10/05/2012 —Atenção: esse pequeno gesto da Dilma significará o rompimento definitivo com o esquema Renan/ Sarney/ Jucá. Será a independência do Brasil!

10/05/2012 — Lula, com todo o respeito, não foi macho o suficiente pra demitir Machado. Sabia que perderia o PMDB do Senado. Mas Dilma é Dilma!

28/05/2012 — Dilma, FH, presidentes Senado, Câmara, STF e STJ ficaram boquiabertos com a conversa nada republicana de Lula e Gilmar. Tudo na madrugada

28/05/2012 — Gilmar Mendes, literalmente, botou a boca no trombone, qdo começou a ser acuado com os cochichos de que tinha coisa grave contra ele na CPI.

28/05/2012 — Lula foi intempestivo demais! O histórico das ações do Gilmar a favor do seu governo dispensava qualquer desconfiança de voto político.

Junho de 2012

Supremo agenda para o começo de agosto o início do julgamento do mensalão petista. É realizada no Rio de Janeiro a conferência sobre sustentabilidade, a Rio +20, que produz documento questionado por grandes ONGs ambientais.

Investigada por ligações com Carlinhos Cachoeira, a Delta Construções foi declarada inidônea pela Controladoria Geral da União e está proibida de participar de licitações.

O TSE recua da própria decisão e, agora, candidatos sem contas aprovadas na eleição anterior podem concorrer. A vitória dos conservadores nas eleições da Grécia acalmam o mercado financeiro, que agora se preocupa com Itália e Espanha. No Paraguai, um impeachment relâmpago destitui o presidente do país, Fernando Lugo, o que provocou reações dos países do Mercosul, que não reconhecem a legitimidade do novo governo e suspenderam o país do bloco, abrindo espaço para a admissão da Venezuela.

14/06/2012 — Neste restaurante, em Paris, Cavendish reuniu-se com parlamentares liderados pelo senador Ciro Nogueira. http://t.co/4HoXKzAZ

14/06/2012 — Extra! Não foi só em Paris que Ciro esteve discutindo CPI, mas, também, num escritório pequeno do Baixo Gávea. Há 10 ou 15 dias.

14/06/2012 — Extra! Urgente! Tanto o encontro de Paris quanto o do Baixo Gávea teriam sido rastreados pela Polícia Federal. Haveriam fotos.

14/06/2012 — O encontro de Paris fica a dois km do hotel Ritz, onde houve a festa do guardanapo.

14/06/2012 — CPI do Cachoeira é CPI do Cavendish. Enquanto o dono da Delta não for ouvido, CPI é Escolinha do professor Sílvio Costa, ou seja, piada!

27/06/2012 — Pesquisas do gov do Rio mostram que a média de popularidade da Dilma nos municípios fluminenses é da ordem de 90%. Agora entendi RMaia

27/06/2012 — Nem Lula nunca chegou a esses patamares. Pezão me disse que em SP é a mesma coisa no interior.

Julho de 2012

O Senado aprova proposta de emenda à Constituição que acaba com sessões de voto secreto em processos de cassação de mandatos, mas a regra não vale para o caso de Demóstenes Torres (GO), que teve seu mandato cassado em votação secreta. A taxa básica de juros chega ao seu menor nível histórico, 8% ao ano.

Bancos privados anunciam primeira queda nos lucros em dez anos. Enquanto isso, o Centro Europeu de Pesquisas Nucleares (CERN) anuncia a detecção do Bóson de Higgs, chamada pelos cientistas de "partícula de Deus". Começam os Jogos Olímpicos de Londres.

18/07/2012 — As agências reguladoras, criadas no governo FH, se desviaram dos objetivos. Muitas foram bichadas pelo PMDB e outros partidos.

18/07/2012 — Lula tentou e ñ conseguiu. Dilma também. A Transpetro é do Renan Calheiros q botou lá o Sérgio Machado. Ter poder maior que PR é escândalo.

18/07/2012 — Sérgio Machado já está lá há quase 10 anos. Não há presidente da República que o remova de lá. É inacreditável isso!

18/07/2012 — Fontes do Supremo admitem punições diferenciadas no Mensalão para João Paulo e Zé Dirceu, como avalia PT no Painel da Folha de hoje.

18/07/2012 — Ninguém pediu minha opinião e ela não tem peso algum, mas, mesmo assim, digo que concordo com punições diferenciadas.

18/07/2012 — Não estou tomando defesa de ninguém, mas o Mensalão só se sustentou até agora pelas acusações políticas a Zé Dirceu. Sem Zé, mensalão já era

20/07/2012 — É inflação acelerada (0,33%), provocada pelo aumento nos preços dos alimentos (tomates) e das despesas pessoais (empregadas).

25/07/2012 — Quem entende do riscado alerta que a redução de lucros dos bancos e queda da arrecadação da Receita ñ acende luz vermelha, dispara a sirene.

30/07/2012 — A PF cumpriu "mandado de condução coercitiva" contra Andressa. Na terra do Ancelmo e na minha quer dizer; PF PRENDEU ANDRESSA!

30/07/2012 — Agora, vem a bomba: Andressa chantageou o juiz federal Alderico Rocha Santos com um dossiê! A chave toda está nesse dossiê!

Agosto de 2012

À véspera do julgamento do mensalão petista, Justiça Federal aceita denúncia contra Delúbio Soares (PT) por lavagem de dinheiro. Mais de 150 advogados trabalham na defesa dos 38 réus do processo do mensalão. O julgamento, que tem a presença questionada do juiz Dias Toffoli, pune seu primeiro político: João Paulo Cunha (PT), por corrupção passiva, peculato e lavagem de dinheiro. Enquanto isso, o governo Dilma anuncia pacote de investimentos que prevê duplicação de estradas e construção de ferrovias em sistema de concessões à iniciativa privada. Vaza na imprensa uma carta da ministra da Cultura, Ana de Hollanda, para Miriam Belchior, do Planejamento, que detalha a precariedade de aparelhos culturais brasileiros e reivindica verbas para a pasta.

O robô Curiosity, da Nasa, pousa em Marte em busca de sinais de vida. Em terra firme, a Olimpíada chega ao fim em Londres, com recorde geral de medalhas para o Brasil: 3 de ouro, 5 de prata e 9 de bronze.

01/08/2012 — "Só Márcio Thomaz Bastos e Demóstenes não sabiam quem é Cachoeira. Ás vezes questiono inteligência de quem subestima a nossa com facilidade."

02/08/2012 — Se Toffoli não se declarar impedido, pedirei seu impeachment por ñ cumprir regra básica da nomeação: notório saber jurídico.

02/08/2012 — Não é inteligente, a esta altura, comprometer o julgamento, sua reputação e a da namorada, pelo capricho de votar no Mensalão.

02/08/2012 — Se Toffoli votar, vão dizer q é pau mandado de Lula. Se não votar, terá demonstrando grande desprendimento e amor à ética. O que é melhor?

02/08/2012 — Se, por acaso, Zé for absolvido com voto de Toffoli, julgamento terá sido permissivo. Se for absolvido sem Toffoli, terá sido justo. Pensem!

02/08/2012 — Aqui, tudo é festa. As pessoas se preparam p/ ver mensalão como Copa do Mundo, piquenique, reunião de amigos. Gente, o espetáculo é triste.

09/08/2012 — Nunca é demais repetir: governo Dilma tá em paz, sem crise, sem ministro pra cair, mas muito por trabalhar.

12/08/2012 — Há 9 anos que não temos aumento na bomba de gasolina. Não há economia que resista a isso. O aumento vem aí, garante uma autoridade do setor.

14/08/2012 — É possível fazer uma conta sobre o custo final da defesa de cada um dos 38 réus com seus advogados e do custo para o STF?

14/08/2012 — É que tem réu que teria ganhado 50 mil reais no mensalão e está pagando 100 mil pra defesa. Quem paga a conta?

15/08/2012 — Se acusação não tivesse vinculado estrategicamente Zé Dirceu aos outros 37 réus, o julgamento teria sido outro. Foi, acho eu, erro do MP.

15/08/2012 — Resultado: há provas técnicas contra muitos deles, mas nenhuma contra Zé Dirceu. Se Zé escapar, muita gente pega carona na sua absolvição.

15/08/2012 — No fundo, há, do lado de fora do STF, uma sangrenta guerra política da oposição com o PT e do PT contra PT. Tem petistas torcendo contra Zé.

15/08/2012 — Não se enganem, há um PT torcendo contra o PT nesse mensalão. O PT que tá no governo Dilma não é o PT que tá no banco dos réus.

15/08/2012 — Dilma instruiu seus ministros para investirem mais nos pobres, sua opção preferencial de governo. Está certa!

15/08/2012 — Assim, a presidente consolida o projeto inicial de FH, que avançou muito no governo Lula. Agora, é um programa de estado. Sem recuo!

16/08/2012 — Como diz Celso Ming, Dilma trocou a política de consumo pela de investimentos. Somente ela, por não ter apegos doutrinários, poderia fazer.

16/08/2012 — O "mercado", essa figura impessoal e indecifrável, reagiu bem ao pacote da Dilma.

18/08/2012 — Nós temos presidente que canta Vanzolini, ama Nara Leão e admira Fernanda Takai e Mônica Salmaso. Mas o PT tenta esconder que ela é humana!

18/08/2012 — "Dilma é muito melhor do que dizem Ibope, Eike Batista e Fernando Henrique. Mas PT a quer manter em cativeiro político. Que saco!"

Setembro de 2012

Artigo de Fernando Henrique Cardoso criticando a gestão Lula é o estopim para o fim da lua de mel entre Dilma e o ex-presidente tucano. Seguindo sua agenda de governo, a presidente anuncia, alguns dias depois, que a conta de luz ficará mais barata para o consumidor residencial e para a indústria. O governo ainda reduz o encargo em folha para mais 25 setores, desde a indústria de carnes ao transporte aéreo.

Números grandiosos compõem também mais revelações sobre o processo do mensalão petista na Justiça: além da ação principal no STF, outras 45 ações, com 80 réus, estão espalhadas pelo Distrito Federal e outros quatro estados. No Supremo, o julgamento do núcleo político condena nove dos 13 réus ligados a PP, PL (atual PR), PTB e PMDB; entre eles estão Roberto Jefferson (PTB) e Valdemar Costa Neto (PR). Joaquim Barbosa, relator do processo do mensalão no STF, cita trecho de depoimento de Dilma, ouvida como testemunha do processo em 2009, ao justificar as condenações; a presidente responde com nota oficial em que justifica e contextualiza a citação. O novo ministro do STF indicado por Dilma, Teori Zavascki, diz em sabatina no Senado que sua participação no julgamento do mensalão depende do plenário da Corte. Cai a ministra da Cultura, Ana de Hollanda, alvo de críticas desde o início de sua gestão, que é substituída por Marta Suplicy. Nas Paraolimpíadas de Londres, o brasileiro Alan Fonteles conquista o ouro nos 200m rasos, vencendo o astro sul-africano Oscar Pistorius. No final do mês, morre Hebe Camargo.

03/09/2012 — Quem se mete em política, perde amigos. Lula disse pruns amigos meus que seu rompimento com Eduardo Campos é definitivo. Duvido!

03/09/2012 — Dilma e eu tínhamos desviado o eixo pra BH. Pois o Lula, com ciúme, fez até comício pra dizer que manda até lá. Isso que é sede de poder.

03/09/2012 — Pra Dilma é ótimo: se perder, como parece, a derrota vai ser de Lula. Se ganhar, todos vão lembrar que ela se meteu lá antes do Lula.

11/09/2012 — E atenção: minhas fontes preguiçosas, acionadas por mim, infelizmente confirmam que Ana de Hollanda deixará mesmo o ministério da Cultura.

11/09/2012 — A gota d'água teria sido mesmo a carta que Ana escreveu pra Miriam Belchior e foi divulgada pela mídia.

11/09/2012 — Padilha deve tá subindo pelas paredes com a indicação de Marta.

11/09/2012 — Marta é competente e honesta, mas é paneleira, tem grupo e pisa no pescoço dos adversários. Eles q são brancos que se entendam.

11/09/2012 — Como Marta é também corajosa, se quiser fazer uma boa gestão como ministra da Cultura, fará. Ela ñ leva desaforo pra casa. Isso é bom!

11/09/2012 — Amiga Dilma, pense bem na loucura q fizestes: Marta na Cultura e Mercadante na Educação. Não vai prestar, querida! Onde tavas com a cabeça?

21/09/2012 — Esse Joaquim Barbosa é danado: jogou a isca e conseguiu trazer a Dilma pro debate do Mensalão, coisa que ela tava evitando a qualquer custo.

21/09/2012 — E um a zero pra Dilma: sua nota mostra que Joaquim cometeu desonestidade intelectual, pinçando texto fora do contexto. Ficou feio, Joca!

21/09/2012 — Se Joaquim distorce Dilma, o q não deve fazer com as palavras dos réus? Sua credibilidade fica abalada, bastante. A gente tava na onda dele

21/09/2012 — Eu bem que tava achando um paradoxo testemunha de defesa, como Dilma, reafirmar existência de mensalão. Joca levou todos nós a equívoco.

29/09/2012 — O STF, insiste Gilmar, tá julgando só parte e já tem convicção do q aconteceu. Uma eventual revelação de Valério serviria a outros processos.

29/09/2012 — Politicamente, porém, o efeito de Valério falar agora seria devastador. Valério poderia ser beneficiado em outros processos pela delação.

Outubro de 2012

No primeiro turno das eleições municipais, a surpresa fica por conta do líder das pesquisas em São Paulo, Celso Russomanno (PRB), ter ficado de fora do 2º turno, após queda livre nas semanas anteriores; entre apoiar Fernando Haddad ou José Serra, o paulistano opta pelo petista. No Rio, Eduardo Paes (PMDB) leva no 1º turno, com a maior votação já registrada na cidade. O grande vencedor das eleições é o PSB, do governador pernambucano Eduardo Campos, que viu triplicar o número de prefeitos eleitos pela legenda.

No julgamento do mensalão, o STF conclui que PT comprou apoio político para Lula por meio do esquema operado por Marcos Valério. Entre os dois turnos eleitorais, o Supremo condena os petistas José Dirceu, José Genoino e Delúbio Soares por corrupção ativa, além de Marcos Valério e outros quatro réus; Dirceu é também condenado por formação de quadrilha. Ao todo, a Corte condenou 25 pessoas e absolveu 9.

3/10/2012 — Amanhã começa o julgamento do mensalão, propriamente. O que vimos até agora foi aquecimento. Celso de Mello mostrou o rumo. Joaquim, executa.

04/10/2012 — Deve ser difícil para qualquer juiz condenar Genoíno, por causa do seu passado. É uma posição indesejada. Por isso, a justiça é cega.

04/10/2012 — Genoíno deslumbrou-se no cargo, deixou rolar, assinava sem ler. Foi um presidente omisso e irresponsável. Merece punição, mas não é ladrão!

04/10/2012 — Genoino está sendo punido pelo que deixou de fazer e não pelo que fez. Ele deixou de assumir verdadeiramente o cargo de presidente do PT.

04/10/2012 — Pior do que a compra de votos na reeleição é o PT beneficiar-se dessa excrescência e ficar cuspindo que ela é um mal. É só abdicar-se dela.

04/10/2012 — Não precisa nem derrubá-la no Congresso. A reeleição não é obrigatória. Basta dizer: ela é um mal de origem, não vamos usá-la. Pronto!

04/10/2012 — A forma como Lula e Dilma esculhambam a reeleição faz pensar que não a usariam. É condenar a droga, mas cheirá-la, tragá-la, injetá-la!

10/10/2012 — Preparem-se: daqui pra frente vcs vão ouvir muito o nome Eduardo Campos. Será absolutamente normal. É a sucessão presidencial chegando aí!

10/10/2012 — Vcs ouvirão também os nomes de Aécio Neves, Jaques Wagner, Tarso Genro, Michel Temer e muitos outros.

18/10/2012 — A briga Dilma X Tarso só não tá mais empolgante que a Carminha, mas supera Mensalão e segundo turno. Tá rolando interesses outros por baixo.

18/10/2012 — Num referencial de zero a dez, a relação da Dilma com o Tarso Genro está menos 17!

27/10/2012 — Dilma e convidados esperaram chegar meia-noite pra cantar parabéns ao aniversariante de hoje: o ex-presidente Lula.

27/10/2012 — Dilma fez lindo e emocionado discurso: "D. Marisa nos dê licença, somos aqui homens e mulheres apaixonados pelo Lula"

31/10/2012 — Dilma pode se recusar a levar Gabrielzinho na festa de aniversário do Michelzinho, mas não pode deixar de ir à posse de Joaquim!

31/10/2012 — Dilma pode proibir Gabrielzinho de cumprimentar Geddelzinho. A República não se abala. Se ela não for na posse de Joaquim, a coisa fica feia

Novembro de 2012

A fase de cálculo de penas do julgamento do mensalão petista é concluída neste mês; José Dirceu, político mais apenado, é condenado a dez anos e dez meses de prisão em regime fechado. Após 9 meses preso, Carlinhos Cachoeira é libertado pela Justiça, para cumprir sua pena em regime semiaberto.

O ministro da Justiça, José Eduardo Cardozo, afirma que os presídios nacionais são degradantes e medievais; o Supremo cobra do governo melhoria do sistema penitenciário. Joaquim Barbosa assume o comando do STF.

Operação Porto Seguro, que investiga esquema de venda de pareceres de órgãos públicos que beneficiavam empresas privadas, vasculha escritório da Presidência em São Paulo; Rosemary Noronha, ex-secretária de Lula, diz ter tratado com o ex-presidente a nomeação dos irmãos Paulo e Rubens Vieira, presos pela PF, para agências reguladoras. Dilma ordena pente-fino nos órgãos federais que tiveram servidores envolvidos. A presidente também veta a redistribuição dos royalties do petróleo.

No cenário internacional, os EUA têm eleição presidencial disputada, mas Barack Obama conquista o segundo mandato, derrotando o candidato oposicionista Mitt Romney. A ONU aceita a Palestina como Estado observador.

02/11/2012 — Por que só agora Marcos Valério resolve abrir o bico? Qdo acreditava em impunidade, ele ñ teve esse gesto de grandeza.

02/11/2012 — Ulysses: "O corrupto suja a denúncia que faz". Qual a autoridade de Marcos Valério pra envolver o nome de Lula? A de operador do mensalão?

12/11/2012 — Mesmo se ñ fosse amigo do Zé, por conhecer sua biografia, estaria triste. Ñ discuto decisão, me curvo ao fato. O fato é 1 soco na história!

12/11/2012 — Não acredito que os ministros do STF estejam felizes. Ninguém está feliz. Nem os que acreditam na culpa do Zé Dirceu estão felizes.

12/11/2012 — Neste momento, meu raciocínio ñ é político, é sentimental. Só penso na dona Olga. Como essa sofrida mãe vai enfrentar mais esta situação?

12/11/2012 — Zé, impedido pelos ossos do ofício, de me manifestar, saiba que tô triste com o desfecho. Mas respeito a decisão da justiça do meu país.

19/11/2012 — Já não tenho dúvidas de que a sucessão de Dilma terá + candidatos competitivos do que as anteriores. Só perde pra de 89.

19/11/2012 — Além de Dilma, teremos Aécio e Eduardo Campos, entre outros.

19/11/2012 — Dilma, claro, sairá como favorita.

19/11/2012 — Renan, apesar de não ter defeito novo, por isso mesmo, já chegaria à presidência do Senado devendo contas à sociedade.

19/11/2012 — Com que autoridade, Renan combaterá a impunidade?

21/11/2012 — Dilma vai mesmo mexer no ministério. O essencial será mantido. Mexe pouco. Pra acomodar Chalita e representante de Kassab.

21/11/2012 — Alguma coisa vai acontecer no ministério das Minas e Energia. Não sei o que é. Mas tem fio desencapado lá.

21/11/2012 — Mercadante é o Primeiro-Ministro do governo Dilma. Dos chamados "meninos da Dilma", só perde pro Gabrielzinho, o neto.

21/11/2012 — Não! Lobão não sai. A Dilma gosta dele! Isso tá fora de cogitação. Lobão está se recuperando bem, graças a Deus!

25/11/2012 — O ideal seria que nunca tivesse havido nem no do FH nem no de Lula. O argumento é cínico. Corrupção ñ tem isonomia, tem cadeia!

26/11/2012 — O PT é gozado. Como pecador, subestima o poder da mídia e do judiciário. Como réu, superestima o poder dos dois.

29/11/2012 — Zé Dirceu e José Genoino serão novamente presos políticos. Pizolato, Marcos Valério e outros serão presos comuns.

29/11/2012 — Justa ou injusta, a condenação e o próprio mensalão só existiram pq Zé Dirceu era o principal acusado. Não fosse isso, ñ seria nada.

29/11/2012 — Ninguém pode ignorar a existência de um clamor público para guindar Joaquim Barbosa à condição de salvador da Pátria. É bonito, + perigoso.

Dezembro de 2012

Condenado a 39 anos por corrupção ativa, formação de quadrilha, violação de dados sigilosos, advocacia administrativa e peculato, Carlinhos Cachoeira volta à cadeia, 17 dias após ter sido solto. Marcos Valério afirma ter pago despesas de Lula, que diz não poder responder a mentiras. Ministério Público Federal indicia 24 pessoas, entre elas a ex-chefe do Gabinete da Presidência Rosemary Noronha, após investigações da Operação Porto Seguro.

Nicolás Maduro, vice-presidente venezuelano, é nomeado sucessor pelo presidente Hugo Chávez, que passa pela sua quarta cirurgia contra um câncer. Morre Oscar Niemeyer. O mais renomado arquiteto brasileiro é velado com honras de chefe de estado no Palácio do Planalto, uma de suas principais obras.

02/12/2012 — Lula, no Rio, sobre Rosemary: "É igual a Erenice, muita espuma e depois vão ver que não tem nada. Fizeram isso com o Orlando também".

03/12/2012 — Fonte do mercado de palestras avalia que mensalão e Rosemary podem reduzir interesses do exterior por Lula.

08/12/2012 — Calma, gente! Não foi o PT que inventou a corrupção. Ele apenas deixou de combatê-la pela conveniência das alianças com os corruptos.

18/12/2012 — No Fim do Mundo, quero estar longe do Eduardo Cunha. Ele vai engarrafar a fila do "Juízo Final" com sua prestação de conta com Deus.

18/12/2012 — Eu vou fazer agora uma acusação contra Eduardo Cunha. Espero ser processado por isso: Lula e Dilma têm ojeriza a Eduardo Cunha. Eu provo!

Janeiro e fevereiro de 2013

Em janeiro, é divulgado que a balança comercial brasileira tem o pior resultado dos últimos dez anos, mas a "contabilidade criativa" usada nas contas públicas maquia R$ 200 bilhões e garante meta de superávit fiscal de 3,1% do PIB. Mais 225 planos de saúde têm a sua venda suspensa. O governo decide desonerar folha de pagamento das empresas em todos os setores, o que é elogiado por indústria e comércio.

Em fevereiro, Renan Calheiros é eleito presidente do Senado, e Henrique Eduardo Alves assume a Câmara; ambos são do PMDB, cuja liderança, na Câmara, fica a cargo de Eduardo Cunha. Começa a campanha presidencial de 2014: em evento, Lula lança Dilma à reeleição. Aécio ataca a gestão do PT e se posiciona como o candidato tucano. PSB acena com candidatura própria. Petrobrás divulga o menor lucro dos últimos 8 anos, prognostica um 2013 pior e ações caem.

Uma tragédia em Santa Maria (RS) choca o país: 231 pessoas, a maioria jovens, morrem no incêndio da boate Kiss. Na Venezuela, o presidente reeleito para o 4º mandato, Hugo Chávez, não formaliza nova posse, apoiado em decisão do Tribunal Supremo de Justiça, deixando o vice Nicolás Maduro à frente do país. Bento XVI abdica do posto de Papa e se torna Papa emérito.

01/02/2013 — Nas mídias, o Judiciário e Executivo continuam com as editorias políticas, mas o Legislativo passa a ser coberto pelos repórteres de polícia

01/02/2013 — As mudanças se devem ao fato de o Congresso, a partir de hoje, estar dominado pela narcopolítica. O poder organizado venceu.

01/02/2013 — Renan, Henrique Alves e Cunha acham que vão se dar bem, que vão esquecer quem são. Ledo engano. O país mudou. Eles que aguardem!

02/02/2013 — O que houve ontem no Senado não foi eleição, mas formação de quadrilha.

03/02/2013 — Tá vendo? Presos de Bangu fugiram. Devem ter ido votar na eleição para líder do PMDB na Câmara!

07/02/2013 — O cenário está ficando como vem preconizando Eduardo Campos: bom pra ele. Economia em crise, governo idem!

07/02/2013 — Os advogados do Eduardo Cunha, que colecionam meus twittes em busca de provas pra me processar, bem que poderiam me dar cópia da coleção.

Março e abril de 2013

Março começa com a morte do presidente venezuelano Hugo Chávez, colocando o país em uma encruzilhada institucional. Conclave do Vaticano escolhe Jorge Mario Bergoglio, arcebispo de Buenos Aires, como o novo Papa; ele adota um nome inédito, Francisco. Dilma faz novas mudanças em ministérios: o do Trabalho vai para Manoel Dias, pedetista do agrado de Carlos Lupi; Moreira Franco é o novo secretário de Aviação Civil; Antônio Andrade, do PMDB, é o novo ministro da Agricultura. A presidente anuncia ainda a desoneração de impostos federais sobre a cesta básica, com o intuito de reaquecer a economia.

Em convenção do PMDB, Dilma elogia Michel Temer, mas não garante uma eventual chapa para 2014, o que divide o partido do vice-presidente. Em abril, uma nova lei que regulamenta o trabalho das empregadas domésticas é promulgada.

02/03/2013 — Pra ser mais direto: Dilma e Lula dão adeus a Michel na convenção do PMDB. Ou: Dilma e Lula dão adeus ao próprio PMDB na aliança.

02/03/2013 — URGENTE: Palácio acaba de me esclarecer que a Dilma não excluiu Michel nem PMDB. Foi até o limite a que poderia ir como presidente.

02/03/2013 — URGENTE 2: Explica o Palácio que Dilma não pode falar em reeleição. Informa o Palácio que Michel gostou do discurso e sabe q há impedimentos

04/03/2013 — Não é doutrinária nem organizacional a união do PMDB do Rio com o PMDB nacional. É altamente conveniente para as duas partes.

04/03/2013 — Apoiando Pezão, comando nacional tem força pra se impor em mais 4 estados semelhantes e garantir Temer. Cabral fica obrigado a ser Temer.

04/03/2013 — Para impor Lindinho, PT pressiona Dilma a trocar Temer por Cabral. Operação é de alto risco.

04/03/2013 — Cabral, que sempre ignorou comando nacional, agora tá fechado com Temer e com o PMDB do Mal (Renan, Henrique Alves e Cunha).

04/03/2013 — Para o Palácio do Planalto, o PMDB do mal são Moreira e Geddel. Errado! Esses são o PMDB da sacanagem, não da roubalheira.

04/03/2013 — Há o PMDB dos doidos (Simon e Requião), do Bem (Jarbas, L Henrique, Jobim e outros) e o PMDB do mal (Renan, Henrique Alves e Cunha).

04/03/2013 — Teremos mulher do campo (Marina) disputando com a cosmopolita (Dilma) e homem do sertão (Campos) contra outro do mar (Aécio).

04/03/2013 — O sertão (Eduardo Campos) vai virar mar (Aécio Neves) e o mar (Aécio) vai virar sertão (Campos).

14/03/2013 — E atenção: Michel fecha amanhã com Dilma nomes do PMDB pra reforma. Com Kassab, Dilma fechou ontem à noite. Anúncio pode ser amanhã ou 2ª

Maio de 2013

A comissão da verdade decide exumar o corpo do ex-presidente João Goulart: a família sempre suspeitou que ele havia sido envenenado. No Congresso, em votação da MP dos Portos, considerada fundamental para o governo, Eduardo Cunha avisa que o PMDB não vai se alinhar 100% a favor da medida; a aprovação ocorreu após a mais longa sessão da história da Câmara, com a base dividida, e a toque de caixa no Senado.

Após seis meses da Operação Porto Seguro, Rosemary Noronha perde o emprego e é alvo de inquérito disciplinar, enquanto cinco dos outros acusados têm aumento de salário. O jogador Neymar deixa o Santos para jogar pelo time catalão do Barcelona. Cientistas americanos clonam embrião humano e células-tronco obtidas na experiência permitem a regeneração de tecidos e órgãos.

02/05/2013 — Agora, se vc me perguntar "Mercadante manda na Dilma?", respondo: "Ninguém manda na Dilma". Qual a força dele então? É que ela o ouve.

12/05/2013 — Senhores Sérgio Cabral e Michel Temer, entenderam agora por que Eduardo Cunha queria a liderança do PMDB na Câmara? Pra atracar seus piratas

12/05/2013 — Diante das ações de Dantas/Cunha sobre a MP dos Portos, recorro-me ao grito de Castro Alves: "Oh, Colombo! Fecha as portas de seus mares!"

12/05/2013 — Dilma, diante das ações de Cunha/Dantas sobre MP dos Portos, cantais para o Congresso: "Navegar é Preciso".

19/05/2013 — Se Dilma afastar-se temporariamente do cargo, quem ditará rumos do país será Eduardo Cunha, que manda no vice e no presidente da Câmara.

19/05/2013 — Tenho respeito e amizade por Michel Temer, mas ele está mal na foto por ter se submetido ao poder político de Eduardo Cunha.

19/05/2013 — Nos meus quase 40 anos de jornalismo, nunca vi ninguém igual ao Eduardo Cunha. Seu poder político é devastador. Ninguém consegue detê-lo.

19/05/2013 — Ouso dizer, com segurança, que, neste momento, a figura política que manda no Congresso e, consequentemente, no país, é Eduardo Cunha.

19/05/2013 — Eduardo Cunha, para exercer todo esse poder, deve, além da força da grana, que não é dele, ter uma lábia daquelas!

19/05/2013 — Eu sei tudo e, ao mesmo tempo, como todo mundo, nada sei sobre a vida de Eduardo Cunha. Como diz Lula, “ele não deixa rastro”.

19/05/2013 — Realmente, Eduardo Cunha é esperto. Ñ se consegue provar nada contra nem a favor dele. Ou seja, também ñ há provas de que ele seja honesto.

Junho de 2013

Em São Paulo, protestos, organizados inicialmente pelo Movimento Passe Livre, contra o aumento das passagens de ônibus, se iniciam no dia 7 e continuam a mobilizar manifestantes nos dias que se seguem. No quarto ato, ocorrido no dia 13, a tropa de choque da PM, autorizada pelo governador Geraldo Alckmin, aumenta a repressão e, agindo de forma brutal, utiliza balas de borracha e bombas de gás lacrimogêneo contra os manifestantes. Esta ação leva diretamente aos protestos do dia 17 de junho de 2013, que ficará marcado historicamente como o dia em que o Brasil voltou às ruas.

Em 11 capitais, cerca de 250 mil pessoas, convocadas pelas mídias sociais, fazem passeatas e manifestações para protestar, principalmente, contra o aumento das passagens de ônibus. As principais características destas manifestações são a presença majoritária de jovens, a ausência de partidos na organização e a descentralização desta organização. As manifestações são pacíficas na maioria das capitais e prosseguem pelos dias seguintes.

Dilma Rousseff afirma que as manifestações são legítimas e que a voz das ruas é um alerta aos governos. Aos poucos, as manifestações começam a ganhar contornos violentos e a percepção de que a juventude brasileira está desiludida com a política nacional é crescente. Após debater um plano de ação com governadores, Dilma propõe punição de corrupção como crime hediondo; Senado aprova projeto neste sentido, que tramitava na casa havia dois anos. Também propõe plebiscito para convocar uma Constituinte exclusiva para votar a reforma política: a Constituinte é descartada, mas a ideia do plebiscito se mantém.

A percepção da classe política no Brasil vai à lona e isso também afeta Dilma: segundo o Datafolha, seu índice de aprovação caiu para 30%, o mais baixo desde que assumiu a presidência. Em meio aos protestos, uma onda paralela de insatisfação ronda a organização da Copa do Mundo: passeatas são impedidas de chegar próximo aos estádios, mas acontecem em todas as sedes da Copa das Confederações, evento-teste para o grande campeonato mundial de 2014. A Copa das Confederações é vencida pelo Brasil, que ganha da Espanha de modo convincente e acende o sonho do hexacampeonato mundial em terras nacionais.

04/06/2013 — A Dilma deve saber disto: Não fosse Michel Temer, a aliança com o PMDB já teria ido pros ares. Para o bem ou para o mal do país. Não sei.

17/06/2013 — Dilma, Alckmin e Haddad, ouçam o velho Ulysses: "É melhor ficar com as ruas do que ficar na rua".

18/06/2013 — Não há como não deixar de reconhecer — e ninguém é louco de não ver isto — que em 17 de junho de 2013 nasceu um novo Brasil.

18/06/2013 — É preciso que no "day-after", Dilma, Aécio, Campos, Marina e outros candidatos surjam com novos discursos. Os políticos em geral também.

18/06/2013 — O político que não mudar a partir de hoje vai ser mudado logo, logo nas urnas. É um novo Brasil que surge depois de 17 de junho de 2013.

19/06/2013 — Neste Brasil novo cabe perfeitamente o reconhecimento de que as palavras da Dilma foram realmente de presidente da República. Ponto pra ela!

21/06/2013 — Se o governo Lula não tivesse estatizado a UNE e as centrais sindicais, hoje, talvez, tivesse interlocutores nas manifestações.

21/06/2013 — O MPL pode desacreditar dos atuais partidos. Mas, se acha que a democracia ainda é válida, saiba que ela não existe sem partidos.

21/06/2013 — Democracia sem partidos não existe. Mas, se esses aí fossem partidos sérios, seria através deles que o povo estaria se manifestando.

21/06/2013 — Logo, o que pode ameaçar a democracia brasileira neste momento não é o povo forte nas ruas. São os partidos fracos no Congresso. Reforma, já

22/06/2013 — De repente, do nada, e só a partir do início da noite, Dilma e mídia resolvem trocar o termo "vândalos" por "arruaceiros". Q coincidência!

25/06/2013 — Dilma, amada e fiel amiga, sua ideia é boa, mas o país não tem quadros pra comandar uma Constituinte exclusiva.

25/06/2013 — Dilma, os jovens querem mudanças, inclusive com renovação de quadros. Fazer o que eles querem, com a ajuda de Renan e Henrique Alves, não dá.

25/06/2013 — Constituinte só merece esse nome se for livre e soberana, mesmo que seja só pra mudar a tinta de cabelo dos políticos.

25/06/2013 — E tem mais Dilma, pra Constituinte exclusiva, terás que devolver Mercadante pro Congresso. Seus lideres lá, sabes melhor que eu, são fracos.

25/06/2013 — Só um detalhe: Sabem quem comandaria o PMDB, maior partido, nessa Constituinte exclusiva? Eduardo Cunha! Será a Constituinte do Cunha. Peraí!

25/06/2013 — Não se pode falar de Constituinte num país que tem suas lideranças políticas contestadas por mais de um milhão de pessoas nas ruas.

25/06/2013 — Manifestantes, governadores e prefeitos, tudo sem educação. Chamados prum café com a Dilma, saíram falando mal da conversa com a anfitriã.

25/06/2013 — Tenho certeza absoluta de que ninguém informou pra Dilma que Constituinte, ainda que exclusiva, em estado de direito e democrático, é golpe!

25/06/2013 — Já transformar corrupção em crime hediondo é sim a melhor proposta. Mas ganhou destaque na mídia a inviável Constituinte.

25/06/2013 — Dilma é a primeira presidente do Brasil a ter coragem de propor transformar corrupção em crime hediondo. A oposição não reconhece isso.

26/06/2013 — Repito, o principal problema do país é a falta de educação: todo mundo que foi à Dilma saiu de lá falando mal dela. Até o vice Michel Temer

27/06/2013 — Presidente Dilma pode convocar reunião ministerial para amanhã ou sábado.

27/06/2013 — Todo o Congresso está vendo a rebelião da bancada do PT contra a Dilma, por um motivo torpe: cargos. É por isso que o povo vai para as ruas.

27/06/2013 — É o PT de raiz pregando uma coisa que Lula não quer e que está em contramão com a rua: "Volta, Lula!". Eles não entenderam a mensagem da rua

27/06/2013 — A bancada tem razão nas queixas. A Dilma, cá entre nós, é intolerante com o fisiologismo. Mas eu prefiro ela assim. Só q ñ sou PT.

28/06/2013 — Conclui o jurista: Meteram a Dilma numa enrascada. Foi obrigada a desistir da Constituinte. Ficou com plebiscito pra não se desmoralizar.

30/06/2013 — Protestos contra FH e Lula eram localizados. Os de agora são difusos e atingem Dilma pq ela representa o poder político.

30/06/2013 — Pelo que sei, a Dilma não esperava resultados diferentes das pesquisas. Se subisse, seria fraude, pois tá todo mundo descendo.

Julho de 2013

Legislativo e Judiciário debatem o plebiscito sobre a reforma política, que Dilma quer que seja realizado ainda em 2013 e que tenha validade já para as eleições de 2014. Michel Temer, um constitucionalista, afirma após reunião com líderes aliados que a realização seria impossível, mas volta atrás após declaração afirmativa da presidente na Bahia.

Em palestra, Lula nega novamente sua candidatura para 2014 e chama Dilma de "extraordinária candidata". Em meio à crise de confiança política no País, os desdobramentos da revelação da rede de espionagem eletrônica dos EUA, feita por Edward Snowden, chegam ao Brasil: Nação aparece em destaque como alvo na vigilância de dados e é a mais monitorada da América Latina. Foram milhões de e-mails e ligações de brasileiros grampeados. Brasília foi uma das 16 bases mundiais de operações das agências norte-americanas CIA e NSA. O governo brasileiro e a cúpula do Mercosul cobram explicações do governo americano. O caso acelera a tramitação, no Congresso, do Marco Civil da Internet.

O Brasil também é o destino do Papa Francisco, em sua primeira viagem oficial, para a Jornada Mundial da Juventude. Na Inglaterra, a monarquia ganha um novo herdeiro, filho do príncipe William e de Kate Middleton, o príncipe George.

06/07/2013 — Pra Dilma, num sábado, divulgar nota desmentindo especulações é sinal de muito mais coisa do que possamos imaginar. Estranhíssimo.

06/07/2013 — Gente, parece q não houve nada demais. Alguns jornais e revistas estariam especulando sobre isso. No fundo, Dilma quer dizer q Mantega fica.

06/07/2013 — Dilma não quer que o mercado reabra na segunda, tendo o final de semana lotado de especulações sobre Mantega. Não será desta vez.

10/07/2013 — Lula voltou. Está conversando muito, muito mesmo. Dentro e fora do PT. Pesquisas de Dilma não o abalam. Acha que há muito chão pela frente.

10/07/2013 — Com o faro político que tem, Lula, primeiro, quer acalmar o PT. Os rebeldes contra a Dilma são sempre as mesmas viúvas saudosistas.

Agosto e setembro de 2013

Mesmo com o pior déficit comercial da história, segundo dados do Ministério do Desenvolvimento, e com a alta do dólar, Dilma volta a ver sua intenção de votos crescer, segundo pesquisa Datafolha. A mesma pesquisa aponta Marina como segunda força eleitoral e a queda de Aécio Neves, o que faz o PSDB paulista falar em prévias — em favor do nome de José Serra para a disputa do pleito de 2014.

Após denúncia de esquema de corrupção na Petrobras, PT e PSDB ameaçam iniciar no Congresso uma guerra de CPIs. Os conflitos também marcam as relações exteriores, levando à queda do ministro das Relações Exteriores, Antônio Patriota, envolvido em constrangimento com o governo de Evo Morales após o apoio à operação que trouxe o senador boliviano Roger Pinto Molina da embaixada brasileira em La Paz para o território nacional.

Setembro se inicia com outro problema diplomático, dos mais sérios: a presidente Dilma foi alvo direto da espionagem americana e, devido a isto, ameaça cancelar sua visita oficial aos EUA. Dilma e Obama terminam por se encontrar em reunião não agendada do G-20, e o presidente americano tenta explicar a espionagem. Após o encontro, foi revelado que a Petrobras também esteve na mira dos agentes estrangeiros. Alguns dias depois, na ONU, Dilma defende a regulação da internet.

Enquanto isso, o STF concede a 12 condenados no mensalão o direito de apresentar novo recurso à corte, o que deve adiar a punição dos réus para 2014. Após manter a compra mensal de títulos, o BC americano fez o preço do dólar recuar em todo o mundo, inclusive no Brasil.

12/08/2013 — Dilma volta a crescer. E eu não queria estar na pele do Vaccarezza nem dos outros petistas que tramavam o "Volta, Lula".

Outubro a dezembro de 2013

O TSE rejeita a criação do partido Rede Sustentabilidade, de Marina Silva, para disputar as eleições de 2014. Assim, ela passa a ser assediada por outras agremiações políticas. Ela decide se unir a Eduardo Campos no crescente PSB, o que altera totalmente o jogo político polarizado que se previa até então. A decisão sobre quem será o cabeça de chapa só acontecerá em 2014.

Ocorre o primeiro leilão do pré-sal pelo regime de partilha: o Campo de Libra foi arrematado pelo único grupo a fazer oferta, composto por Petrobras, a francesa Total, a anglo-holandesa Shell e as estatais chinesas CNOOC e CNPC. A petroleira OGX, de Eike Batista, que perdeu 99% de seu valor de mercado em 3 anos, entra com pedido de recuperação judicial.

Em Brasília, o Supremo determina a execução imediata das penas de 18 dos 25 réus condenados no processo do mensalão; 15 são presos, entre eles José Genoíno, José Dirceu, Delúbio Soares, Marcos Valério e Roberto Jefferson. Já em dezembro, Genoíno, para não ser cassado, renuncia ao mandato de deputado.

No Uruguai, o parlamento local aprova a legalização do cultivo e da venda da maconha no país. Mas o mundo se volta para a África do Sul, após a morte do líder Nelson Mandela. Em seu enterro, outro fato político relevante: os presidentes de EUA e Cuba, Barack Obama e Raúl Castro, trocam um aperto de mão público, algo que não ocorria desde 1959 — um gesto que materializa a aproximação entre os dois países.

07/10/2013 — Há 6 meses da largada, Marina, com 26%, pode assegurar que será vice de Campos, com 8%, com o mesmo discurso e dentro da mesma sigla? (Segue)

07/10/2013 — A lógica é matemática: se Campos subir, Marina sobe, mantendo a mesma proporção. Na hipóteses de queda, a proporção prevalece. (Segue)

07/10/2013 — Daqui pra frente, fato novo pra Campos será também para Marina. São agora siameses, verso e anverso de uma mesma legenda.

09/10/2013 — Petistas infiltrados no PSDB, e não são poucos, não querem a candidatura de Serra. A Dilma reconhece ser Serra 1 dos mais bem preparados.

Janeiro a abril de 2014

2014 começa com o anúncio do pior resultado da balança comercial brasileira desde 2000. No julgamento do mensalão, STF ordena a prisão de João Paulo Cunha. No Fórum Econômico Mundial, em Davos, na Suíça, Dilma tenta atrair o capital estrangeiro vendendo a ideia de que o país é um ótimo destino de investimento. No Maranhão, a população é vítima de ataques do crime organizado na capital, após operação da Polícia Militar no Complexo Penitenciário de Pedrinhas.

Em fevereiro, Eduardo Campos e Marina Silva formalizam a aliança e anunciam a pré-candidatura da chapa à presidência, tendo Campos na liderança como cabeça de chapa. Henrique Pizzolato, ex-diretor do Banco do Brasil e condenado a mais de 12 anos de prisão no julgamento do mensalão petista, é preso na Itália e o Ministério Público pede sua extradição.

Em meio a outra investigação, a Comissão da Verdade apura e determina que o assassino do ex-deputado Rubens Paiva durante a ditadura militar foi o tenente do Exército Antônio Fernandes Hughes de Carvalho, já falecido. Em março, é deflagrada a primeira fase da Operação Lava-Jato, com prisões temporárias e preventivas de 17 pessoas, entre elas o doleiro Alberto Youssef. Dias depois, a segunda fase da operação prende o ex-diretor da Petrobras Paulo Roberto Costa, com mais de R$ 1 milhão apreendidos em sua casa; ele estaria envolvido na compra da refinaria de Pasadena, nos EUA, transação investigada por suspeita de superfaturamento. A Lava-Jato surge de um desdobramento do processo do mensalão que remonta a 2008, quando o deputado José Janene (PP), acusado de lavagem de dinheiro por meio de doleiros, começa a ser investigado; foram nestas investigações que surgiram os nomes de Alberto Youssef e de Paulo Roberto Costa. Falando no mensalão petista, é também neste mês em que a última sessão do julgamento do processo é realizada, concluindo um processo iniciado nove anos antes.

Dilma conclui sua reforma ministerial, que privilegia o PMDB, mas ainda não resolve a crise, iniciada meses antes, com a bancada peemedebista. A agência internacional Standard & Poor's rebaixa a nota do Brasil. A terceira fase da Lava-Jato é deflagrada em abril, procurando conexões entre Alberto Youssef e Paulo Roberto Costa, o que inclui buscas na sede da Petrobras. A Lava-Jato faz sua primeira vítima política: o vice-presidente da Câmara, o petista André Vargas, que se afasta do cargo e, por fim, deixa o PT.

O tenente-coronel Paulo Malhães, que revelou crimes da ditadura e detalhes do processo de tortura de presos políticos à Comissão da Verdade, é encontrado morto em sua casa, assassinado por asfixia. O PSDB, enfim, lança oficialmente a candidatura de Aécio Neves à presidência.

A presidente, em 23 de abril, sanciona o Marco Civil da Internet; o projeto tinha Eduardo Cunha entre seus principais opositores.

Pelo mundo: na Ucrânia, governo e oposição travam confrontos nas ruas da capital, Kiev, em uma escalada de conflitos que leva à intervenção militar russa na Crimeia; o voo 370 da Malaysia Airlines desaparece dos radares durante passagem pelo Oceano Índico.

30/04/2014 — Se a oposição quer também o "volta, Lula!" é sinal de que o "fica, Dilma" tá consolidado. Acham que perdem com Dilma e ganham com Lula.

30/04/2014 — Dilma: "Gostaria que, quando eu for candidata, eu tenha o apoio da minha própria base. Mas não havendo esse apoio, vamos tocar em frente"

Maio a Outubro de 2014

No período de maio a outubro, a Lava-Jato deflagra mais três operações. Dilma Rousseff é formalizada pelo PT como a candidata do partido à reeleição. O lucro da Petrobras no 1º trimestre cai 30%. Em paralelo, o escândalo que envolve a empresa se aprofunda: o MP quebra o sigilo bancário da Petrobras, de Paulo Roberto Costa e das empresas Camargo Corrêa e Sanko Sider, nas transações referentes à construção da Refinaria Abreu e Lima. Começa a CPI da Petrobras no Senado.

Joaquim Barbosa antecipa sua aposentadoria para o final de junho, aos 59 anos de idade. Após anos de obras de infraestrutura, muitas delas apenas prometidas ou inacabadas, e construção de estádios em todas as regiões do País, começa a segunda Copa do Mundo sediada no Brasil. Na abertura do evento, Dilma foi xingada e vaiada ao aparecer nos telões, mesmo sem discursar. A Seleção, que vinha de uma fase vitoriosa de preparação para o mundial, não correspondeu às expectativas e sofreu a pior derrota de um campeão do mundo em toda a história do certame: 7 a 1 na semifinal, vencida pela Alemanha, que se sagraria campeã do torneio sobre a Argentina, em pleno Maracanã.

A maioria do PMDB aprova a aliança com o PT para as eleições e, assim, a chapa Dilma-Temer é repetida. O banco Santander divulga correspondência a clientes insinuando que bolsas poderão cair e dólar subir se Dilma melhorar nas pesquisas eleitorais; o banco demitiu a funcionária responsável pela carta, que Dilma classificou como “inadmissível”. Não seria, no entanto, essa carta a mudar o rumo da eleição presidencial no Brasil. Em 13 de agosto, o avião particular em que viajava o candidato Eduardo Campos, nome em ascensão nas pesquisas eleitorais, caiu na cidade de Santos (SP), vitimando o político, quatro assessores de sua campanha, piloto e copiloto da aeronave. Marina Silva, sua vice, é alçada à cabeça da chapa, que agora tem como vice Beto Albuquerque, líder do PSB na Câmara.

Apesar de se manter forte nas pesquisas, a candidatura de Marina perde fôlego durante a campanha, fazendo com que ela não passe para o 2º turno. A disputa torna-se novamente polarizada entre PSDB e PT. Mesmo com o apoio da candidata do PSB, Aécio Neves perde a eleição, que teve o resultado mais apertado da história dos pleitos presidenciais: 51,64% a 48,36% dos votos válidos.

No âmbito da Lava-Jato, Paulo Roberto Costa faz acordo de delação premiada com o MP e diz que PT, PMDB e PP se beneficiaram do desvio de verbas da Petrobras e que recursos arrecadados como propina nesse esquema abasteceram campanhas desses partidos em 2010.

Enquanto isso, o Sudeste se viu desabastecido de água: uma crise hídrica levou ao secamento de reservatórios, sobretudo no estado de São Paulo.

No Oriente Médio, o grupo terrorista conhecido como Estado Islâmico do Iraque e do Levante declara a criação, em 29 de junho, de um Califado Islâmico na Síria e no Iraque. Já as histórias da crise na Ucrânia e da Malaysia Airlines se cruzam neste período: em 17 de julho, um voo da empresa aérea que fazia o trajeto Amsterdã-Kuala Lumpur caiu próximo à fronteira da Ucrânia com a Rússia; investigações preliminares indicam que uma grande quantidade de objetos com alta energia de impacto atingiram externamente o avião, o que faz EUA e Ucrânia afirmarem que um míssil atingiu o Boeing 777.

Novembro de 2014

Apesar do fim do pleito, o tom de campanha prossegue na política nacional. Aécio Neves diz que o diálogo com o governo será condicionado ao aprofundamento de investigações e a punições aos protagonistas do escândalo da Petrobras.

Marta Suplicy deixa o Ministério da Cultura com críticas ao governo, o que é interpretado no Planalto como sinal de descolamento do PT, visando candidatura à prefeitura paulistana em 2016.

O governo propõe mudar a Lei de Diretrizes Orçamentárias para permitir abatimento de todas as despesas com Programa de Aceleração do Crescimento (PAC) e desonerações da meta de superávit primário, evitando assim o descumprimento da Lei de Responsabilidade Fiscal. Aécio diz que Dilma incorrerá em crime de responsabilidade se o projeto for aprovado. Já Dilma, em reunião do Diretório Nacional do PT, acusa a oposição de ser "golpista" e de não perdoar o PT pela permanência no poder por tanto tempo. Aécio Neves não deixa por menos e declara que perdeu a eleição para uma organização criminosa.

A nova equipe econômica para o segundo mandato é anunciada: Joaquim Levy assume a Fazenda no lugar de Guido Mantega, enquanto, no Planejamento, Nelson Barbosa entra no lugar de Miriam Belchior; Alexandre Tombini permanece à frente do Banco Central.

O juiz Sérgio Moro, responsável pela Lava-Jato, deflagra a 7ª fase da operação, chamada de "Juízo Final": o alvo são cinco das maiores empreiteiras do país e o ex-diretor da Petrobras Renato Duque. Foram presos nomes das cúpulas das construtoras OAS, UTC, Engevix, Camargo Corrêa e Mendes Júnior, além de um agente da PF, o lobista Fernando Soares Lemos, o Baiano, e o irmão do ex-ministro Mario Negroponte, todos com mandatos de prisão preventiva ou temporária.

22/11/2014 — Rima infame: É preocupante/ A relação do Levy com Mercadante.

22/11/2014 — Se Meirelles não daria certo por causa da sua relação com a Dilma, o que dizer do Levy? Ele já teve problemas com ela, com o Mercadante e PT

23/11/2014 — CPI do Congresso em 2015 pra Lava-Jato? Com Renan presidindo o Senado e Cunha presidindo a Câmara? Melhor deixar como está: MP, JF e PF.

24/11/2014 — Se a Dilma, como espero, nomear mesmo Levy pra Fazenda, vai mostrar aos aloprados o que ela sempre disse: "Sou presidente do Brasil, ñ do PT"

24/11/2014 — Gilbertinho anda dizendo que vai sair do governo pra trabalhar no PT. Ele vai é infernizar ainda mais a vida do partido com suas fofocas.

24/11/2014 — Vcs sabiam que o PT é uma coisa e o Mercadante é outra coisa, totalmente diferente?

24/11/2014 — Qual a única semelhança entre o PT e Mercadante? É que ambos detestam o Joaquim Levy, mas terão que engoli-lo. Bem feito! Viva o Joca!

24/11/2014 — É isso aí, Dilma! Além de fazer o PT engolir o Levy, ela ainda vai reduzir o tamanho do partido no ministério. Isso já é líquido e certo.

26/11/2014 — Esse manifesto dos que se intitulam "intelectuais de esquerda" não recebeu a menor atenção da Dilma.

28/11/2014 — Com o anúncio da nova equipe econômica, na prática, Dilma tá agora com 41 ministros. É mole?

29/11/2014 — Adoro a Dilma, mas não gostei de parte do seu discurso sobre a oposição, chamando-a de "golpista". Oposição é essencial à democracia, Dilma!

29/11/2014 — Poucos reparam, + ao dizer que seu governo é o 1º que está investigando a fundo, Dilma ignora os 8 anos de Lula. Soube que ele não gostou.

29/11/2014 — Dilma se equivoca qdo diz q o governo mandou apurar. Foram o MP e a JF. Só acertou uma vez, quando chamou a PF de instituição do estado.

Dezembro de 2014

A Operação Lava-Jato já conta com 12 acordos de delação. Segundo o procurador que lidera as investigações, Deltan Dallagnol, sem este procedimento, dificilmente o esquema bilionário de corrupção da Petrobras seria revelado. Uma ação coletiva nos EUA contra a Petrobras acusa a empresa de divulgar informações falsas e omitir um esquema multibilionário de corrupção, suborno e lavagem de dinheiro. Em outro obstáculo para o governo petista, técnicos do TSE recomendam a rejeição das contas de campanha de Dilma, em parecer a ser analisado pelo MP. André Vargas tem seu mandato cassado por 359 votos a 1.

Novos nomes para a Esplanada são anunciados. Chamam a atenção a presença da ruralista Kátia Abreu no Ministério da Agricultura e de George Hilton, ligado à Igreja Universal, para a pasta do Esporte.

Gabriel Medina se torna o primeiro campeão brasileiro de surfe. Cuba e EUA reatam relações diplomáticas após 53 anos, porém sem o fim definitivo do embargo americano, que depende de aprovação do Congresso dos Estados Unidos.

01/12/2014 — Dilma, querida, ouvir é sempre bom. Só que a sra. só se reúne com o Mercadante. Assim, não dá!

01/12/2014 — Dilma chama oposição de "golpista" e Aécio chama o governo de "organização criminosa". Os 2 ainda não desceram do palanque. Só de nível.

02/12/2014 — Dilma escolheu Kátia Abreu sem avisar PMDB e depois pediu pro partido referendar como seu o nome da senadora. Temer engoliu seco, + engoliu.

04/12/2014 — A Dilma tem que ser bastante fria nesta hora e não se deixar envolver com os malfeitos do PT. Ela tem de zelar pelo país, não pelo partido.

04/12/2014 — Dizem q a demora da Dilma em definir todo o ministério deve-se à cautela com que está acompanhando o desdobramento da Lava-Jato. Menos mal.

04/12/2014 — Adoro a Dilma, mas está faltando gestos, ações que se antecipem às novas revelações. O governo se tornou refém dos fatos. Está acuado.

04/12/2014 — Se Dilma começar a estancar a sangria do governo, tira na hora o discurso da oposição. Mas parece que algo a impede de agir. Eu não entendo.

04/12/2014 — Cartel nos governos tucanos. Cartel nos governos petistas. Depois, um ainda se acha melhor que outro. No mínimo, são iguais.

09/12/2014 — Criticam-me por informar as citações dos nomes de Aécio e Dirceu na Lava-Jato. Pior, se eu citasse apenas um e omitisse o outro.

09/12/2014 — Vão surgir outros nomes, uma carrada. + a justiça saberá separar o joio do trigo. É natural a citação a políticos no país das empreiteiras.

09/12/2014 — A diferença entre o PT e o PSDB é que o 1º tem militância e o 2º, simpatizantes. Ambos raivosos, aqui. Eis a semelhança.

10/12/2014 — Dilma se emociona em discurso e é aplaudida de pé na cerimônia da Comissão Nacional da Verdade.

10/12/2014 — O discurso da Dilma deveria provocar uma reflexão profunda nos defensores da volta dos militares ao poder. Eles nem sabem o que dizem.

10/12/2014 — A meia dúzia de aloprados da avenida Paulista deveria, repito, ouvir esse discurso da Dilma que é endossado por todos os democratas do país.

10/12/2014 — Taí um raro discurso presidencial que cabe na boca de muitos oposicionistas que sempre também combateram a ditadura militar.

11/12/2014 — "Sou apenas 1 cisco na Lava-Jato", disse Vargas, ao ser cassado por ligações com Youssef. Imaginem então o entulho que vem por aí.

11/12/2014 — "Roubaram o orgulho dos brasileiros", diz Rodrigo Janot, Procurador Geral da República sobre a Lava-Jato.

11/12/2014 — "O mínimo do ressarcimento, pelo que foi apurado até agora — e ainda poderemos pedir mais — é de 1 bilhão de reais", diz Procuradoria.

12/12/2014 — O que dizia Ulysses sobre a derrubada da ditadura vale para a Petrobras: "Mais difícil do que destruir o monstro é remover seus escombros".

12/12/2014 — A oposição é muito pedante: diz que está sangrando o governo. O que está sangrando o governo é a ausência de ações fortes.

12/12/2014 — O governo não pode ficar a reboque da Lava-Jato. Dilma, lembre-se do "estou cercado, eu ataco".

12/12/2014 — Vamos dizer a verdade: o 1º a denunciar roubalheira na Petrobras foi Paulo Francis, ainda no governo FH. O que aconteceu? Foi processado!

12/12/2014 — Uai, os tucanos ñ dizem, com razão, que o PT apenas aperfeiçoou sua política socioeconômica? Pois fez o mesmo na roubalheira da Petrobras.

13/12/2014 — Se nenhuma providência for tomada até lá, o escândalo da Petrobras vai ofuscar a segunda posse da Dilma.

13/12/2014 — Dilma, libera a Graça. Ela tá doida pra sair. Não é justo deixá-la às feras.

13/12/2014 — Claro q faz isso de brincadeira, + 1 ex-presidente da Petrobras se despede todo dia do novo trabalho assim: "Até amanhã, se eu ñ for preso!"

13/12/2014 — A ideia inicial do 13º era para o brasileiro ter mesa farta e cheia de presentes. Hoje só serve pra liquidar dívidas.

15/12/2014 — Até início da noite, interlocutores da Dilma consideram "irredutível" a sua posição de não tirar a Graça Foster da presidência da Petrobras.

16/12/2014 — A oposição só tá pedindo a saída da Graça pq ela perdeu as condições políticas de permanecer no cargo, + ninguém contesta a sua honestidade.

16/12/2014 — Danou-se! Pedida a quebra dos dados bancários e fiscais de Sérgio Gabrielli e Renato Duque.

16/12/2014 — A justiça indiciou só 39 da Lava-Jato, Evitou indiciar mais um só pra evitar repetir as piadas dos 40 do mensalão, lembram?

18/12/2014 — Fortíssima a resposta de Lula de que Graça Foster "é um problema da Dilma". Poderia defendê-la, se quisesse. Aliás, era o que se esperava.

18/12/2014 — Quando aliado, ainda mais do porte de Lula, é perguntado sobre determinado assunto e dá essa resposta, está é, na verdade, lavando as mãos.

21/12/2014 — Nos bastidores, comenta-se que só depois de muito tempo é que a Graça e a Dilma souberam que a Petrobras era a mina de arrecadação da base.

21/12/2014 — Não acredito q em sã consciência FH, Lula e Dilma tenham se beneficiado da corrupção que houve e está havendo em seus respectivos governos.

21/12/2014 — FH e Lula, muito parecidos no usufruto das mordomias do poder, queriam paz. Ñ compravam brigas. Isso facilitou as ações dos malfeitores.

21/12/2014 — Agora, é inegável também que os três sabiam que dinheiro de campanha não vinha só de Deus, mas do diabo também. Disso, sabiam!

22/12/2014 — Coitada da Dilma: Petrobras, Eduardo Cunha, briga por cargos, crise econômica e, agora, Lula no seu pé! Deve tá arrependida da vitória.

23/12/2014 — Nota social: O futuro presidente da Câmara, Eduardo Cunha, participou do almoço de confraternização de Fim de Ano da Dilma no Alvorada.

23/12/2014 — Desde a democratização que não vejo um ministério tão modesto, em termos de quadros, como esse novo da Dilma. Deve ser provisório. só pode.

24/12/2014 — "Senhor Deus dos desgraçados!
Dizei-me vós, Senhor Deus!

Se é loucura... se é verdade
Tanto horror de ministério?!"

24/12/2014 — "Ó Dilma, por que não apagas
Co'a esponja de tuas mágoas
De teu mandato este borrão?..."

26/12/2014 — Acredito que nenhum dos 38 ministros, entre os já escolhidos e os 22 que ainda serão, se sentirá confortável tendo George Hilton como colega

27/12/2014 — Pelo que tá nos jornais de ontem e de hoje, Lula tá fazendo pressão pesada em cima da Dilma. Seu instituto virou "bunker" contra o governo.

29/12/2014 — 3ª leva de ministros anunciados é bem melhor que a 2ª. Mas, segundo analista, afasta Lula do governo. Só que faltam mais 15. Dá de corrigir.

30/12/2014 — Carlos Henrique da Silva, novo secretário do Esporte de Minas, foi detido com George Hilton, em 2005, com caixotes de dinheiro na Pampulha.

30/12/2014 — Imagine agora como será 1 audiência do secretário de Esporte de Minas com o ministro George Hilton, seu colega do carregamento de dinheiro.

30/12/2014 — Duvido que se candidatos tivessem q anunciar equipes durante a campanha metade desses secretários e ministros estaria sendo indicada agora.

30/12/2014 — Já pensaram no palanque candidato dizendo: "Se eu for eleito vou nomear aquele cara detido no aeroporto com caixotes de dinheiro!"

Janeiro de 2015

Começa o segundo mandato de Dilma Rousseff. O lema do Governo também muda: "Brasil, Pátria Educadora". Mas os escândalos na estatal prosseguem: uma reportagem do jornal *O Globo* revela que o TCU constatou, por meio de auditoria sigilosa, que a Petrobras constituiu empresa de fachada para a construção de uma rede de gasodutos entre o Espírito Santo e a Bahia, com valor que se aproxima dos R$ 4 bilhões.

A estratégia de distribuição dos ministérios é garantir a Dilma governabilidade com menos dependência do PMDB nas votações na Câmara: em teoria, PSD, PP, PR, PTB, PRB, PDT, PROS e PCdoB garantem 193 votos para o Planalto. Joaquim Levy assume com discurso de equilíbrio fiscal e prometendo o corte de gastos e o reforço à Lei de Responsabilidade Fiscal. Já Nelson Barbosa fala em nova regra para o salário mínimo, mas Dilma, de férias, o desautoriza.

A Fundação Perseu Abramo, do PT, critica os rumos da política econômica de Dilma. A Lava-Jato realiza mais uma operação, que leva à prisão, pela PF, do ex-diretor da Petrobras Nestor Cerveró.

Na França, um dos piores atentados recentes à imprensa: terroristas invadem a sede do jornal satírico Charlie Hebdo, que sofrera atentado em 2011 e estava sob vigilância, e matam 12 pessoas, entre elas quatro dos principais cartunistas do país. O mundo se solidariza e a frase "Eu sou Charlie" se dissemina como um lema a favor da liberdade de expressão.

01/01/2015 — Dilma dedica parte expressiva do discurso ao ministério de Aldo Rebelo: Ciências e Tecnologia. Que responsa!

01/01/2015 — Lema: "Brasil, Pátria Educadora"

03/01/2015 — Coitada da Dilma. Paga um preço enorme pra fazer um ministério que é mais a cara da base do que sua e a base ainda fica insatisfeita.

03/01/2015 — Aliás, justiça de faça: esse ministério que está aí é mais a cara do Congresso do que a cara da Dilma. Por livre vontade, ela vetaria 90%.

06/01/2015 — Não vai dar certo: temperamentos difíceis e diferentes, vaidades, ciúmes e invejas marcam o início do segundo governo Dilma.

06/01/2015 — O problema ministros petistas X equipe econômica é café pequeno diante dos outros graves problemas políticos que Dilma terá de enfrentar.

06/01/2015 — Tem rebelião do PMDB do Senado, presidência da Câmara, políticos na Lava-Jato, Petrobras e muitas outras coisas.

21/01/2015 — Fundação Perseu Abramo, do PT, afirma que Dilma adota estratégia "bastante conservadora e ortodoxa na política econômica".

27/01/2015 — Se o meio de o PSDB e o PMDB dissidente combaterem a Dilma é apoiando o Eduardo Cunha, eles deveriam renunciar ao papel de oposicionistas.

27/01/2015 — Que oposição é essa que não tem capacidade de ação própria e precisa se submeter à liderança de Eduardo Cunha?

Fevereiro de 2015

Eduardo Cunha derrota o Governo na eleição para a presidência da Câmara: mesmo com artilharia pesada para evitar a derrota de Arlindo Chinaglia (PT), 49 traições de última hora da base governista dão a vitória ao político do PMDB. Mesmo sendo do partido central da base, o Planalto o considera um inimigo no Congresso; o PT fica sem nenhuma cadeira na Mesa Diretora.

No Senado, com o apoio do PT, o também peemedebista Renan Calheiros é reeleito presidente. Dilma muda toda a diretoria da Petrobras, inclusive Graça Foster; uma rebelião de diretores antecipa saída da presidente da estatal.

João Vaccari Neto é preso, como parte de mais uma fase da Lava-Jato, às vésperas do aniversário de 35 anos do PT, que se reuniu em Belo Horizonte para a comemoração.

O advogado de FH, José de Oliveira Costa, pede parecer ao advogado Ives Gandra da Silva Martins sobre impeachment de Dilma; segundo o advogado, haveria fundamentos para o pedido. Em programa de televisão do PMDB, Michel Temer diz que o partido serve ao país, sem citar o governo.

05/02/2015 — PSDB quis crucificar, c/ razão, Tarso e Dirceu, p/ "Fora FH". Agora, advogado de FH pede parecer de impeachment e Serra diz q Dilma ñ termina

05/02/2015 — Vejam o PT: fez campanha contra o Cunha na Câmara e elegeu Renan no Senado, como se houvesse alguma diferença de partidos entre os dois.

07/02/2015 — Acho que a reunião do PT em BH serviu para pacificar Dilma com Lula e com o PT. Agora, a orquestra parece estar atinada. Ainda bem.

07/02/2015 — Estranhei a ausência do Mercadante nesse encontro do PT, "ele que é" (expressão usada + pelos colegas de rádio) o homem forte do governo

07/02/2015 — Passado impacto d nomeação d Bendine, a razão começa a falar + q a emoção. Fora seu problema com o fisco e a Val, ele fez boa gestão no BB.

07/02/2015 — O fato d Bendine não entender nada d setor não vem ao caso. Quantos passaram pelo cargo sem nunca saberem sequer como é o cheiro d gasolina?

18/02/2015 — Eufemismo brasileiro: Michel Temer. nas chamadas de TV, diz que o PMDB serve ao Brasil. Isso tudo pra evitar dizer que serve ao governo.

18/02/2015 — E as chamadas apresentam os ministros do PMDB que, pela lógica do Michel Temer, são ministros do Brasil, não da Dilma.

18/02/2015 — Pro Michel Temer, homem da conciliação, dizer na tv que PMDB serve ao país é pq a relação do partido com o governo deve estar ruim mesmo.

28/02/2015 — Amigo meu do mercado não dá 1 ano pro Levy se irritar e sair. Ele é o que Delfim dizia sobre Palocci: o pau do circo. Se sair, cai o circo.

28/02/2015 — Irritado, Joaquim já entrou. Acho que fica os 4 anos. Vai salvar o governo da crise e cacifará pro sucessor da Dilma, seja ele quem for.

28/02/2015 — Tentar tirar uma presidente da República eleita pela maioria do povo, com apenas 2 meses de mandato, não me parece razoável.

28/02/2015 — Agora, se a Dilma estiver comprovadamente implicada no petrolão, serei o segundo a ir pra rua e encontrar o Merval, que já estará lá!

Março de 2015

O mês começa com José Genoíno tendo sua pena, pelo caso do mensalão, extinta pelo STF. Enquanto isso, grande parcela de deputados petistas se opõe ao ajuste fiscal rigoroso proposto pelo Planalto, e com a aliança dos peemedebistas com a oposição, agrava-se a crise de governabilidade.

Segundo *O Globo*, 11 senadores e 21 senadores acusados de corrupção no escândalo da Petrobras apurado pela Lava-Jato constam na lista do procurador-geral da República, Rodrigo Janot; ele pedirá abertura de inquérito contra 50 políticos, entre eles Renan Calheiros, Eduardo Cunha e Waldir Maranhão, respectivamente presidente do Senado, presidente e primeiro vice-presidente da Câmara. O PP, partido com mais nomes na lista, é acusado por Alberto Youssef de pressionar o governo a trocar o ex-ministro das Cidades pertencente ao partido, Mario Negroponte. Cunha restringe ação da nova CPI da Petrobras aos governos do PT e também isola o partido na comissão. A pressão recai também sobre o dólar, que supera a casa dos R$ 3.

Estoura o caso SwissLeaks: vazam informações de contas secretas de 8.687 brasileiros correntistas do HSBC na Suíça, entre eles envolvidos nos escândalos da Lava-Jato, da Alstom e da máfia da Previdência. Em treze capitais, há relatos de panelaço durante o pronunciamento de Dilma no Dia Internacional da Mulher. O fato antecipa as duas grandes passeatas convocadas para março: no dia 13, manifestantes pró-Dilma vão às ruas pacificamente em 24 estados; já no dia 15, aniversário de 30 anos da chamada Nova República, manifestantes vestidos de verde e amarelo saem às ruas em todas as unidades federativas para protestar contra o PT e contra a presidente, que propôs reforma política na qual se inclui o fim do financiamento privado de campanhas.

Na décima etapa da Lava-Jato, o ex-diretor da Petrobras Renato Duque é preso, juntamente com João Vaccari Neto, tesoureiro do PT, e mais 25 pessoas; Duque e Vaccari são denunciados por corrupção, lavagem de dinheiro e formação de quadrilha.

Segundo Datafolha, popularidade de Dilma despenca de 43% para 13%, pior desempenho desde Fernando Collor, em 1992.

03/03/2015 — Vamos ao fato, Sua Excelência o fato: a crise de governabilidade é gravíssima. A maior que assisto desde o retorno da democracia.

03/03/2015 — FH enfrentou escutas, denúncias na privatização e denúncias depois comprovadas como mentirosas de conta no exterior. Mas não crise política.

03/03/2015 — Lula enfrentou denúncias e teve de demitir ministros. Mensalão marcou seus governos, mas não enfrentou crise de governabilidade.

06/03/2015 — No mínimo, 10% dos senadores estão na lista de Janot, informa Vinicius Sassine, do Globo.

07/03/2015 — Estão na lista, além do presidente, o 1º vice-presidente da Câmara e o presidente da comissão mais importante da Casa, a de Const e Justiça.

07/03/2015 — Ou seja, as 3 maiores autoridades da Câmara estão na lista, sendo que 1º vice da Câmara é também vice-presidente da Mesa do Congresso.

07/03/2015 — Waldir Maranhão (PP-MA), que está na lista, é, ao mesmo tempo, sucessor de Cunha na presidência da Câmara, e de Renan, na mesa do Congresso

10/03/2015 — Eu não queria que chegasse a esse ponto, mas hoje até operários vaiaram a presidente. Infelizmente, os protestos ultrapassaram Higienópolis!

10/03/2015 — Acho q a solução não chega ao exagero de Lula, q pede reforma ministerial com 2 meses de governo. Mas romper o cerco dos ministros palacianos

12/03/2015 — Gozado, o Mercadante serviu pra ser vice da chapa de Lula em 94, mas agora Lula acha que ele não serve pra ser ministro da Dilma.

12/03/2015 — A sessão de hoje enterrou definitivamente a já frágil credibilidade da CPI. Virou um exército de Eduardo Cunha. Até PT elogiou o dito cujo.

12/03/2015 — A sessão mostrou que a CPI vai proteger todos os indiciados e condenar Janot. Acabou! A CPI foi pro ralo.

13/03/2015 — Especialista em pesquisa não acredita em rumores de popularidade de 1 dígito. Acha que, no máximo, chega a 15%, o que já seria ruim.

13/03/2015 — Nenhum presidente pós-ditadura manteve níveis estáveis de popularidade. Lula e FH, em determinados momentos, também caíram muito.

13/03/2015 — Domingo, dia 15, 30 anos de democracia e só quatro presidentes eleitos diretamente pelo povo. Essa maldita reeleição impede renovações!

15/03/2015 — Governo responde à manifestação contra a corrupção propondo o imediato fim do que chama "financiamento empresarial" de campanha eleitoral.

15/03/2015 — Vejam como a política e o povo são ingratos: Renan e Cunha passaram impunemente pela manifestação e, agora, tão mais fortes do q o governo.

16/03/2015 — Duque sempre se disse inocente, negou ter contas no exterior e Moro descobre agora seu esquema. Explodindo Duque, Moro chegará a outros.

16/03/2015 — Duque também sempre recusou delação premiada. Agora, se não quiser mofar na cadeia, vai ter de aceitá-la. Aí a casa cai!

16/03/2015 — Eu acredito na recuperação da Dilma, não por desejo ou convicção, mas por experiência: já vi também FH e Lula no chão. Política é gangorra.

18/03/2015 — Datafolha: Reprovação da Dilma vai a 62% e popularidade cai pra 13%. Lembra o instituto que Collor, no auge da crise, teve 68% de reprovação

21/03/2015 — Pela via direta, Cunha dificilmente chegaria à Presidência. Seus áulicos engendram uma trama diabólica e sinistra: mudar sistema de governo

21/03/2015 — Assim, com o apoio da maioria do Congresso que tem nas mãos, Cunha aprovaria a emenda do Parlamentarismo. Fiquemos atentos!

23/03/2015 — Tesoureiro do PT, Vaccari, Duque e outros 25 viram réus da Lava-Jato por corrupção, lavagem e formação de quadrilha.

23/03/2015 — O pior, para o PT, aconteceu hoje: Vaccari virou réu em pleno exercício d cargo d tesoureiro d partido. O pior está por vir: pode ser preso!

24/03/2015 — Acho prematuro falar em "impeachment" agora, como achei prematuro nos governos FH e de Lula. Não há prova sobre envolvimento da Dilma.

24/03/2015 — Agora, a rua tem direito a pedir tudo. Nas democracias, a voz do povo é soberana. Se o povo, em maioria, quiser "impeachment", aí complica.

25/03/2015 — Se vc pegar pronunciamentos de Lula sobre escândalos do seu governo, verá que ele foi mais contundente do que Dilma, infelizmente.

25/03/2015 — Mas acho que a Dilma é muito mais cautelosa do que Lula. Ela só avança quando tem certeza de que não vai recuar mais tarde, como fazia Lula.

29/03/2015 — Como tesoureiro da campanha do PT, novo ministro Edinho tinha que necessariamente receber grana via tesoureiro do partido: ligação umbilical

29/03/2015 — É inimaginável vc ter tesoureiro do PT suspeito de manusear dinheiro sujo repassando dinheiro limpo pra tesoureiro da campanha do mesmo PT.

29/03/2015 — Edinho pode até ser, e acredito, como diz a maioria, honesto. Mas é impossível que Vaccari lavasse dinheiro sujo antes de repassar pra ele

29/03/2015 — Eu acredito na honestidade da Dilma, mas ela é muito teimosa e não abre mão de um estilo pessoal equivocado p/ governar o país. Tá errada!

30/03/2015 — Quando Levy foi escolhido, analistas mais pessimistas diziam que ele não passaria de junho. Os mais otimistas achavam que chegaria ao Natal.

30/03/2015 — Hoje, 30/03, não se sabe se ele chega até o Domingo de Páscoa, Há quem já aposte que saia logo depois do depoimento desta terça no Senado.

Abril de 2015

Em nova delação da Lava-Jato, o presidente da construtora Camargo Corrêa, Dalton Avancini, confessa o pagamento de propina para executar obras na Ferrovia Norte-Sul. A operação, em uma nova etapa, prende três ex-deputados: André Vargas, Luiz Argôlo (PSD) e Pedro Corrêa (PP); nesta fase, a Lava-Jato também conecta a Caixa Econômica Federal e o Ministério da Saúde à rede que desviava recursos para esquema de corrupção. João Vaccari Neto é preso pela PF, em decorrência das investigações da Lava-Jato; o tesoureiro do PT é afastado do cargo apenas após o fato.

O juiz Sérgio Moro condena Paulo Roberto Costa, Alberto Youssef e mais seis pessoas por organização criminosa e lavagem de dinheiro nas obras da Refinaria Abreu e Lima. Pepe Vargas (PT) deixa a articulação política do governo, que foi oferecida ao PMDB: convidado, Eliseu Padilha recusou e a função recaiu sobre o vice-presidente Michel Temer.

Novas manifestações contra o governo são realizadas em quase todos os estados e no Distrito Federal, mas a adesão a elas é menor do que nas anteriores. Luiz Edson Fachin é o mais novo ministro do STF, indicado por Dilma para a vaga de Joaquim Barbosa. Já a oposição decide unificar o discurso em relação a um eventual pedido de impeachment de Dilma Rousseff.

Em votação na Comissão de Constituição e Justiça da Câmara (CCJ), o PMDB derrotou o governo e aprovou proposta que limita em 20 o número de ministérios. Marta Suplicy deixa o PT, após 33 anos. Taxa Selic é elevada para 13,25%, maior patamar de juros desde a crise global de 2008.

No noticiário internacional, dois marcos: Estados Unidos e Irã, após um ano e meio de negociações, fecham acordo sobre programa nuclear do país asiático. O governo Obama também retira Cuba da lista negra de países apoiadores do terror, mas a decisão precisa ser ratificada pelo Congresso.

07/04/2015 — Por que Padilha aceitou participar do conselho político e recusa ser o articulador político? Com medo de vir à tona denúncias do passado?

08/04/2015 — Dilma atendeu, finalmente, o pedido de Lula: dar mais espaço pro Michel Temer.

08/04/2015 — Merval agora: Dilma tá refém do Levy na economia e, agora, refém de Temer na política. Conclusão minha: sequestraram a Dilma!

08/04/2015 — E atenção, fonte quente: pode sair a qualquer momento a nomeação de Henrique Alves para o Turismo. Haverá compensação pro homem do Renan.

12/04/2015 — Por mais errático que seja o governo legitimamente eleito da Dilma, não vacilarei entre ele e os que pregam a volta da ditadura.

12/04/2015 — Agora, entre a vontade da maioria do povo e o governo Dilma, ficarei sempre ao lado do povo. Nem preciso dizer isso.

12/04/2015 — É preciso lembrar que os militares tomaram o poder pra acabar com a subversão e a corrupção. Subversivos foram os que mataram e torturaram.

12/04/2015 — Quanto à corrupção, os ditadores deixaram ela correr solta. Logo, seus legados foram as manchas de sangue e de lama! Ditadura, nunca mais!

15/04/2015 — Se o PT tivesse uma liderança de pulso firme, teria evitado o enorme desgaste de ter tesoureiro preso em pleno exercício do cargo.

15/04/2015 — Por mais que alguns, como eu, queiram achar que não, mas a prisão de Vaccari respinga no governo. Precisamente, molha, encharca o governo.

22/04/2015 — Antes de comemorar a aprovação da PEC que reduz a 20 o nº de ministérios, o PMDB deveria ter devolvido todos os cargos que tem no governo.

30/04/2015 — República despedaçada: PT, que briga com presidente da Câmara, que briga com presidente do Senado, que briga com o vice e com a presidente.

Maio de 2015

Após pressão do Planalto, o PT decide apoiar o ajuste fiscal, que é aprovado na Câmara e no Senado em votações apertadas; em programa de televisão, partido critica a regulamentação da terceirização para atividades-fim.

Enquanto o Senado ratifica o nome de Fachin para o STF, a Casa rejeita o nome de Guilherme Patriota para representar o País na Organização dos Estados Americanos. O ministro da Fazenda, Joaquim Levy, não comparece ao anúncio do corte do Orçamento, queixando-se de que o governo cede a pressões quanto ao ajuste fiscal.

A Câmara rejeita, na reforma política, o voto distrital misto, o voto em lista e o chamado "distritão", que elegeria os candidatos mais votados, independente do partido; Eduardo Cunha, apoiador do "distritão", manobra contra as intenções do governo e aprova proposta que restringe as doações de empresas privadas a partidos, proibindo doações diretas a candidatos.

Líderes da oposição protocolam na Procuradoria-Geral da República pedido de investigação contra Dilma Rousseff pelas chamadas "pedaladas fiscais".

Em Zurique, na Suíça, sete dirigentes da Fifa são presos em uma operação realizada a pedido do Departamento de Justiça dos EUA; entre eles está o ex-presidente da CBF, José Maria Marin. No dia seguinte, a sede da entidade brasileira retira de sua fachada o nome do dirigente, que batizava o prédio. Mesmo com esse escândalo, Joseph Blatter é reeleito presidente da entidade máxima do futebol.

06/05/2015 — Mas, na essência, o que separa o PT dos outros partidos é que este está no poder há mais tempo. E o desgaste é inevitável.

06/05/2015 — Já o tucanismo é a ideologia da classe média. Ela sempre torceu, mas só agora tá assumindo o PSDB. Antes, tinha vergonha.

06/05/2015 — PF faz busca e apreensão no gabinete do presidente da Câmara. Se alguém disser que já viu isso antes na história do país, está mentindo!

06/05/2015 — Achar que vitória da PEC da Bengala é uma derrota da Dilma é até uma afronta à independência do poder judiciário.

07/05/2015 — Oposição canta "PT pagou com traição/ a quem sempre lhe deu a mão", após aprovação da PEC do ajuste fiscal. Vitória do governo.

07/05/2015 — A Dilma deve tá arrependida por não ter colocado Temer na articulação política desde o início do governo passado. Tudo teria sido diferente.

19/05/2015 — O Brasil ficou anos sem representação na OEA, por decisão política da Dilma contra a organização.

23/05/2015 — Jornais destacaram bem: a ausência de Levy foi o fato mais significativo do anúncio do corte do orçamento. Certamente, terá desdobramentos.

27/05/2015 — O incansável Cunha, derrotado na reforma política, disse q colocará em votação a proposta q retoma o financiamento empresarial de partidos.

Junho de 2015

Dias após sua eleição e pressionado pelas federações europeias, Joseph Blatter renuncia à presidência da Fifa. Ricardo Teixeira, ex-presidente da CBF, é indiciado pela PF por lavagem de dinheiro, evasão de divisas, falsidade ideológica e de documento público.

A empreiteira Delta escapa da falência após ser vendida a um grupo espanhol; a empresa havia entrado em recuperação judicial após escândalos de corrupção. Em mais uma fase da Lava-Jato, os presidentes das duas maiores empreiteiras do Brasil, Odebrecht e Andrade Gutierrez, são presos pela PF. Marcelo Odebrecht, após ser preso, enviou bilhete a seu advogado em que constava a frase "destruir e-mail sondas"; a mensagem foi apreendida pela PF, que suspeita de ocultação de provas.

Em encontro com religiosos no Instituto Lula, em São Paulo, Lula diz que ele e Dilma estão no volume morto, enquanto o PT está abaixo desse volume; o termo é uma referência à crise hídrica do Sudeste, que atinge a região há quase dois anos.

Em decisão histórica, o Supremo rejeita por unanimidade a exigência de autorização para publicação de biografias; a ministra relatora, Cármen Lúcia, afirma: "Cala a boca já morreu", condenando a censura prévia e aludindo à ampla liberdade de expressão.

No final do mês, a Grécia se torna o primeiro país desenvolvido do mundo a não pagar sua dívida com o Fundo Monetário Internacional.

20/06/2015 — "Dilma e eu estamos no volume morto. O PT está abaixo do volume morto" — reconhece Lula em palestra. Furambaço do Globo deste sábado.

24/06/2015 — Três dias depois de estar preso, Alexandrino Alencar, se demite da Odebrecht. Essa demissão, pra mim, foi mais inesperada q a prisão em si.

24/06/2015 — Seja qual for seu desfecho, a Lava-Jato, ao prender um dos 10 mais ricos do país, quebrou o dogma de que só os pobres é que vão pra cadeia.

24/06/2015 — A notícia do dia é o furo do Estadão sobre o bilhete de Marcelo Odebrecht pedindo aos seus advogados a destruição de provas. Tá ferrado!

Julho de 2015

Segundo Ibope, apenas 9% da população considera o governo Dilma ótimo ou bom, resultado que é melhor, apenas, do que o desempenho de José Sarney no final de seu mandato, em 1989. A redução da maioridade penal é rejeitada na Câmara, mas Eduardo Cunha faz nova manobra e aprova, em primeiro turno, versão mais branda do projeto, apenas 24 horas depois da derrota da proposta original. Durante o mês, o presidente da Câmara rompe oficialmente com Dilma, mas fica isolado, devido às investigações da Lava-Jato.

Jorge Zelada, indicado por Cunha para a direção da área Internacional da Petrobras, é preso pela Lava-Jato. Em entrevista à *Folha de S. Paulo*, Dilma afirma: "Eu não vou cair". O MPF denuncia à Justiça os presidentes da Odebrecht, Marcelo Odebrecht, e da Camargo Corrêa, Otávio Azevedo, por corrupção, lavagem de dinheiro e organização criminosa; a Lava-Jato conecta Odebrecht a propina paga na Suíça a diretores da Petrobras, por meio de empresas offshore e de contas secretas no país europeu. A operação também prende presidente da Eletronuclear, que chefiou o programa nuclear secreto do Brasil.

A Polícia Federal cumpre 53 mandados de busca e apreensão contra políticos com foro privilegiado que foram alvo de inquéritos instalados na Corte a partir da Lava-Jato; entre eles estão Fernando Collor de Mello (PTB), Ciro Nogueira (PP) e o ex-ministro Mario Negroponte.

O futebol chora a morte de Gighia, carrasco uruguaio do Brasil na Copa de 1950, exatos 65 anos após o chamado Maracanazo. Cuba e Estados Unidos restabelecem plenas relações diplomáticas.

02/07/2015 — Jorge Zelada, penúltimo bastião da diretoria anterior da Petrobras, foi preso hoje pela PF. Antes, o julgavam acima de suspeitas.

03/07/2015 — Não se iludam, 2 ex-pres do STF garantem: irregularidade de campanha derruba titular e vice. Assume interinamente presidente da Câmara.

03/07/2015 — Único caso q desvincula titular de vice é impeachment. Ação no TSE atinge titular e vice. Presidente da Câmara tem prazo pra convocar pleito

07/07/2015 — Em entrevista à Folha, a presidente foi contundente: "Eu não vou cair". E, mesmo evitando, respondeu a Lula: "Eu não tô no volume morto".

07/07/2015 — Apesar da contundência, Dilma, na entrevista, pareceu ainda fora da realidade, principalmente ao apostar na fidelidade do PMDB.

07/07/2015 — E, na mesma entrevista, Dilma teimou na comparação entre delatar na ditadura sob tortura e fazer delação premiada na democracia.

12/07/2015 — A realidade é esta: crise econômica e política gravíssimas, falta de lideranças, mas não ao ponto de tirar presidente via tribunais.

17/07/2015 — Cunha rompe oficialmente com governo e seus liderados e aliados, como a oposição, fazem cara de paisagem. Só o partido dele reage. E contra.

22/07/2015 — No almoço de ontem em NY investidores sabatinaram Temer já como possível alternativa a Dilma. Pragmáticos, queriam saber se manteria Levy.

23/07/2015 — Pedaladas, ajustes e Cunha, povo tá se lixando. Sobe tomate, cebola, carne e o ovo. Isso sim mexe com o povo, junto com desemprego.

24/07/2015 — Gente, o roubo é tanto, com tantas contas no exterior, que chego à conclusão que construíram um outro Brasil lá fora, mais moderno e chique.

24/07/2015 — Esta é uma crise política derivada de disputa de poder. Diálogo, só nas urnas. Se, como gripe, virar pneumonia, aí é outra coisa. Ainda não.

28/07/2015 — Esse governo parece uma empresa aérea, pra ele tudo é passageiro: alta do dólar, inflação, Lava-Jato e rompimento de Cunha.

28/07/2015 — Então, sejamos justos com o nosso país: estamos dando um exemplo ao mundo de que investigamos e prendemos sem olhar classes e patentes.

29/07/2015 — Vaccari visitou 44 vezes em 7 anos a sede d Andrade Gutierrez, muito mais do que eu, em 35 anos, visitei a redação do Globo como funcionário

Agosto de 2015

Acusado pela Lava-Jato de receber propina de pelo menos R$ 90 milhões e de idealizar o esquema que desviou recursos da Petrobras, José Dirceu é preso novamente, apenas nove meses após ter sido libertado. Na volta do recesso parlamentar, Eduardo Cunha segue com "pautas-bomba" contra o Planalto. Michel Temer pede pela reunificação do país, enquanto a base aliada de Dilma começa a ruir, com partidos como PDT e PTB rompendo com o governo na Câmara. Durante o programa político do PT, com participação de Dilma, houve protestos em pelo menos 21 capitais estaduais e no Distrito Federal, com panelaços em áreas nobres das cidades. Pesquisa Datafolha aponta reprovação de 71% do governo Dilma, superando a de Fernando Collor às vésperas de seu impedimento, em setembro de 1992.

Renan acena com trégua, mas apresenta um documento com 28 propostas, algumas delas polêmicas, para a retomada do crescimento após o ajuste fiscal; entre elas, está a adoção de idade mínima para aposentadoria. O procurador-geral da República, Rodrigo Janot, acusa Eduardo Cunha de usar a Câmara em benefício próprio, em resposta a questionamento da Câmara ao STF sobre provas colhidas no âmbito da Lava-Jato contra o deputado. Com menos manifestantes que no protesto de 15 de março contra Dilma e o PT, quase 900 mil pessoas de todas as unidades federativas do país foram às ruas queixando-se principalmente da presidente e de Lula. FHC abandona discurso conciliador e sugere renúncia de Dilma, em declarações via internet. Em Curitiba, Sérgio Moro condena o lobista Fernando Baiano, o ex-diretor da Petrobras Nestor Cerveró e o empresário Júlio Camargo por fraude na compra de navios-sonda; as penas variam entre 12 e 16 anos de prisão. Camargo afirma ter dado US$ 5 milhões a Eduardo Cunha, que é denunciado pelo MP por corrupção e lavagem de dinheiro. Ainda assim, Cunha encontra apoio na oposição, como Paulinho da Força (PSD), que o chama de "homem público exemplar".

Michel Temer se afasta da articulação política do Planalto. Gilmar Mendes solicita à PF que investigue campanha de Dilma, dizendo haver indícios de lavagem de dinheiro e falsidade ideológica. A presidente anuncia o corte de dez ministérios e de mil cargos comissionados, também desistindo de recriar a CPMF. Na economia, uma palavra retorna ao vocabulário nacional e resume o cenário: recessão.

Bem longe de Brasília, são encontrados, nas Ilhas Reunião, destroços confirmados como sendo parte do avião da Malaysia Airlines, usado no voo 370, em 2014.

03/08/2015 — Zé Dirceu é mais importante do que Vaccari. Quero ver a reação do PT à sua prisão. Será que o Rui Falcão vai emitir alguma nota de protesto?

04/08/2015 — Não acredito em delação do Dirceu: homens como ele foram treinados para morrer calado. Foi pós-graduado na antiga Havard da guerrilha: Cuba.

04/08/2015 — E o ministro Cardozão? Não passa de setembro. Se passar, fica contrariado, mas não passa Natal no cargo.

05/08/2015 — Manchetes da Folha e Estadão desta quarta-feira são idênticas: Cunha manobra pelo impeachment da Dilma!

05/08/2015 — Os deputados da base disseram a Temer que, a partir de hoje, o governo sofrerá sucessivas derrotas na Câmara. Temer apelou p/ governabilidade

05/08/2015 — Ninguém se sensibilizou com o apelo de Temer pela governabilidade e risco de rebaixamento. Deputados querem a governabilidade das promessas.

05/08/2015 — Enfim, hoje Temer viu o tamanho do buraco. Ou Dilma cria um novo governo, com novo ministério, ou a coisa afunda, concluíram os deputados.

05/08/2015 — Reparem: estou relatando uma grave crise governamental, a maior da história, sem contar a Lava-Jato. Agora, some os dois pra ver! Credo!

07/08/2015 — Os tucanos não querem a via constitucional do impeachment pq sabem que é mais difícil. Daí a opção pelo cavalo de pau.

07/08/2015 — Deixar a Dilma sangrar é uma estratégia oposicionista legítima e democrática. A maioria da oposição prefere essa via.

09/08/2015 — Desminta-me se puder: Lá atrás, Lindbergh me contou ter ouvido no PT q Temer ñ podia ser vice d Dilma pq era + forte no Congresso do que ela

10/08/2015 — Não falei? Dilma recusou todas propostas de mudanças, inclusive redução de ministérios. Tem novo jantar hoje e amanhã. Vai voltar a engordar

10/08/2015 — É paradoxal: quanto mais Dilma se enfraquece, mais cresce um sentimento de pena na sociedade. O povo gosta de vítimas, até da própria sorte.

10/08/2015 — Aliás, o impasse é este: base quer governo novo e Dilma quer base nova. Mas não existe quadros na praça para essas demandas.

13/08/2015 — A ação de Temer foi fundamental para o fôlego de 15 dias que o TCU deu pra Dilma justificar pedaladas. Temer tem segurado a crise como leão!

16/08/2015 — Sair de casa pra protestar contra governo é saudável. Mas não é saudável o "Coisa-ruim", "Paulinho Sem Educação" e Bolsonaro serem os guias

16/08/2015 — O empresariado resolveu jogar boia pra Dilma. A Fiesp, que não gosta dela, o fez via Temer. A Febraban fez via Bradesco. Trabuco falou muito

16/08/2015 — Menor e mais forte — eis a síntese das manifestações de hoje no país.

17/08/2015 — Quando se escrever a história deste momento há que se registrar que os partidos não tiveram a menor influência na operação “Salva-Dilma”.

17/08/2015 — Os partidos, como instituições, ficaram de fora, mas políticos como Temer, Renan, Cardozão, Serra, Tarso, Pezão, Alkcmin e outros tiveram.

19/08/2015 — Denunciado por corrupção e lavagem de dinheiro, Cunha transforma processo político num embate jurídico e se mantém no cargo durante processo

19/08/2015 — Dizem os fofoqueiros de plantão que investigadores da Lava-Jato botaram mão no extrato bancário de Fernando Baiano na Suiça: ouro puro.

21/08/2015 — Merval: “erro da oposição poupar Cunha, achando que ele, fraco, vai ter poderes para abrir impeachment”. Concordo inteiramente.

21/08/2015 — O que é mais fácil: afastar uma presidente contra a qual não existe nenhuma prova material ou um presidente da Câmara denunciado pelo PGR?

22/08/2015 — Gilmar detectou indícios de que a campanha da Dilma foi abastecida com dinheiro desviado da Petrobras e pediu investigações ao MPF e a PF.

22/08/2015 — Mesmo com Temer mantendo a sobriedade e a lealdade institucional, sua saída da coordenação política deixa a Dilma sem uma das pernas.

24/08/2015 — FH e Lula se omitem sobre Cunha e são severos com Dilma. Um quer sua renúncia e outro que ela mude governo. Nem investigada ela é, coitada!

24/08/2015 — Dilma discute neste momento com Temer, Mercadante e Padilha destino da articulação política.

24/08/2015 — "Coisas macro" é balela! Não deixaram ele cuidar nem das "coisas micro", vão deixar cuidar das macro? Essa gente é perigosa!

28/08/2015 — Temer não é golpista, não é rasteiro. Ele é publicamente contrário à CPMF e vai lutar contra pensando no país, não como vingança. Não é Cunha

28/08/2015 — Mas, o jantar da Fiesp com Temer, a volta da CPMF e os boatos dos petistas sobre suposto rompimento Dilma/Temer agravaram a crise.

29/08/2015 — O governo tá na UTI. Um espirro mata. Uma derrota portentosa no Congresso derruba. Pra que cutucar onça sem vara?

29/08/2015 — Após reunião com ministros, Dilma desiste de recriar a CPMF http://t.co/EBLX8K34C0

29/08/2015 — Eu bem q cantei a pedra mais cedo: Dilma recuou. Deve isso a Temer. Se insistisse, teria derrota fatal e o governo não se levantaria mais.

29/08/2015 — Como o vice não quis assumir a paternidade da criança, o Planalto, pra não ser mãe solteira, acaba de abortar a CPMF.

Setembro de 2015

Michel Temer afirma a empresários que será difícil Dilma Rousseff resistir até o fim do mandato se sua baixa popularidade persistir. Equipe econômica cogita o aumento da alíquota de três impostos: Cide, IOF e IPI; Temer declara que não é a favor de "remédios amargos", após Dilma admitir que terá de adotá-los. PF indicia José Dirceu, João Vaccari Neto e mais 12 pessoas na operação Lava-Jato; o ex-ministro responde por corrupção passiva, lavagem de dinheiro, formação de quadrilha e falsidade ideológica. O doleiro Fernando Baiano, apontado como operador do PMDB na Lava-Jato, faz acordo de delação e começa a depor. Editorial da *Folha de S. Paulo* sugere renúncia como último recurso de Dilma.

A agência de risco Standard & Poor's rebaixa o grau de investimento do Brasil. STF proíbe doações de empresas para campanhas. O dólar ultrapassa a marca de R$ 4 e atinge maior cotação histórica da moeda americana frente ao Real. Já a Lava-Jato pune o primeiro político: é André Vargas, ex-deputado do PT, condenado a 14 anos de prisão por corrupção e lavagem de dinheiro.

Uma nova reforma ministerial privilegia reforço do PMDB em ministérios; Arthur Chioro, da Saúde, foi demitido por telefone, enquanto Renato Janine, da Educação, foi comunicado pessoalmente de sua substituição por Aloísio Mercadante.

A Nasa anuncia ter encontrado água no estado líquido em Marte. Nos EUA, a Volkswagen se envolve na revelação de escândalo de manipulação mundial de testes de emissão de poluentes, afetando 11 milhões de veículos no planeta.

04/09/2015 — Sou desses que acreditam que Dilma termina seu mandato, junto com o de Temer, mas não ao lado dele. A aliança com ele e com PMDB acabou.

04/09/2015 — Alguém precisa avisar Dilma e Temer que o próprio Papa já disse que, entre brigas constantes e a separação, a igreja prefere o divórcio.

05/09/2015 — Michel Temer, eu já disse e vou repetir mil vezes, é legalista, não é golpista. O fato de ser legalista não o impede de enxergar a realidade

05/09/2015 — Vcs acham que se Temer fosse aventureiro seria vice por duas vezes e hoje seria a esperança do empresariado pra segurar o governo Dilma?

08/09/2015 — Aumentar imposto vai fazer Dilma ficar devendo pontos pro Ibope.

09/09/2015 — Jornais desta quarta mostram Dilma de um lado e Temer de outro, sendo que o vice contra "medidas amargas".

10/09/2015 — Apontado como operador do PMDB, Fernando Baiano fecha acordo de delação e pode entregar esquema de Pasadena http://t.co/rNNEpuwSWP

10/09/2015 — Ih, acabaram de cortar também a nota da Petrobras. Se cortarem a da Dilma, ela fica negativa também.

13/09/2015 — Editorial de 1ª pag da Folha deste domingo (13/09/2015) já sugere renúncia como última alternativa da Dilma: http://t.co/2uw1z4nWrE

14/09/2015 — "Ainda é cedo, amor
Mal começaste o segundo mandato
Já anunciam sua partida
Sem saber mesmo o rumo que irás tomar"

14/09/2015 — "Presta atenção, querida
Embora eu saiba que estás perdida
Em cada esquina cai um pouco tuas pesquisas
Em pouco tempo não serás mais o que és"

22/09/2015 — Saúde e Educação são alicerces de qualquer governo. Aqui, Saúde, pelo menos, é colocada como banana em feira de troca.

22/09/2015 — Só o gesto de botar a Saúde no balcão de negócios já deveria provocar o impichamento de todo o governo.

23/09/2015 — Eu que cubro o PMDB há 40 anos fico com dó de Dilma e entorno acharem que podem enganar o PMDB com cargos, por mais importantes que sejam.

23/09/2015 — Se Moreira, Cunha, Sarney, Temer, Padilha, Renan, Jader, Jucá e Geddel quiserem, esse governo vira pó hoje! Pior é que eles sabem disso!

23/09/2015 — Resumo: essa reforma ministerial pode agradar à bancada da Câmara ou ao grupo de Temer. Nunca aos dois segmentos, Ou seja: vai dar merda.

30/09/2015 — Às 15h, Dilma chamou Renato Janine Ribeiro e pediu o cargo para Mercadante. Janine entendeu as mudanças gerais do governo e agradeceu.

Outubro de 2015

O furacão Patrícia se torna o mais intenso fenômeno do tipo já registrado no Hemisfério Ocidental, com ventos de quase 350 quilômetros por hora. Um furacão também parece varrer a política em Brasília: na nova reforma ministerial, um aliado de Eduardo Cunha assume o ministério de Ciência e Tecnologia: é o peemedebista Celso Pansera, acusado por Alberto Youssef de atuar como "pau-mandado" do presidente da Câmara na CPI da Petrobras, para tentar intimidar delatores do esquema de corrupção.

Após processo que se arrastou por meses, o Tribunal de Contas da União rejeitou, por unanimidade, as contas de Dilma relativas ao exercício de 2014. O atraso de repasses do Tesouro Nacional a bancos, para o pagamento de despesas de programas sociais obrigatórios (as chamadas "pedaladas fiscais") foi a base para a reprovação: segundo os ministros, o balanço possuía irregularidades que feriam a Constituição, a Lei Orçamentária e a Lei de Responsabilidade Fiscal.

Dilma dá início à sua estratégia de defesa, prevendo a possibilidade de impeachment. PSOL e Rede, apoiados por parte do

PT, pedem a cassação de Cunha, que negocia acordo com o governo, em vão: o ministro Teori Zavascki, do STF, autoriza pedido de Rodrigo Janot para a abertura de novo inquérito contra Cunha, que investigará também sua esposa e uma de suas filhas. Zavascki também manda repatriar dinheiro de Cunha da Suíça e que os cerca de R$ 10 milhões fiquem bloqueados em uma conta judicial no Brasil. A Lava-Jato também traz de volta dinheiro público: R$ 2,4 bilhões já foram recuperados por meio de acordos de colaboração e leniência firmados com delatores e empresas, incluindo o pagamento de multas.

Após denúncias, PF cumpre mandatos de busca e apreensão em diversas empresas, inclusive no escritório de Luis Claudio Lula da Silva, filho do ex-presidente petista; três de suas empresas teriam recebido R$ 1,5 milhão do lobista Mauro Marcondes Filho, preso pela operação Zelotes. A CPI da Petrobras isenta políticos, incluindo Eduardo Cunha, e ataca delatores da Lava-Jato. O governo envia ao Congresso mensagem propondo mudanças na meta fiscal para 2015, projetando déficit de até R$ 50 bilhões, e sem "pedaladas". A Itália, após meses de negociação diplomática, extradita Henrique Pizzolato para que cumpra sua pena no Brasil.

01/10/2015 — Temer recusou convite pra solenidade de anúncio do novo ministério amanhã. Mas Dilma insistiu tanto que, constrangido, acabou aceitando.

07/10/2015 — RT @zerohora: AO VIVO: Acompanhe a apreciação dos vetos de Dilma Rousseff no Congresso Nacional http://t.co/tEuGOY2FIY

07/10/2015 — Mais um adiamento, mais uma derrota! Não tem quórum pra deliberar.

07/10/2015 — TCU caminha pela rejeição por unanimidade, com votos de Ana Arraes, mãe de Eduardo Campos, e Zé Múcio, ex-ministro e amigo de Lula.

07/10/2015 — RT @JornalOGlobo: TCU recomenda rejeição das contas de Dilma por unanimidade. http://t.co/c2MngtnEKG http://t.co/wCxX0ij6wZ

07/10/2015 — Oficializada rejeição do TCU!

08/10/2015 — A moda é o país está "juridicalizado". Daqui pra frente tudo é batalha jurídica. Deixamos de ser a pátria de chuteira pra ser a da toga.

08/10/2015 — "Impeachment agora, aqui na Câmara, é que nem fila de táxi: entra um, sai outro" — diz Cunha.

10/10/2015 — Se Cunha renunciar, ele está se antecipando a todos os julgamentos e se considerando culpado. Claro que não fará isso. Ele não é burro.

10/10/2015 — Se vai funcionar essa estratégia de acelerar o impeachment, não se sabe, mas essa é sua única bala de prata!

10/10/2015 — Cunha avisou sua base que na terça despacha os pedidos de impeachment da presidente Dilma.

10/10/2015 — É cavalheiro o Cunha. Na disputa entre qual processo se instala 1º, o seu, por quebra de decoro, ou o da Dilma, pelo impeachment, lady first

11/10/2015 — Em artigo neste domingo no Globo denuncio proposta indecente de preservar mandato de Cunha em troca de renúncia. Ainda bem que ele resiste.

12/10/2015 — A opinião pública precisa saber com todas as letras que, neste momento, governo e oposição dependem de Cunha pra sobreviverem.

14/10/2015 — Quem merecia ser processado por quebra de decoro são os líderes do PT e do PSDB que estão assediando Cunha com propostas de impunidade.

15/10/2015 — A lista de Janot tem 23 deputados federais, 13 senadores e um ministro investigados pela Lava-Jato. São 37, mas parece que só tem um: Cunha.

17/10/2015 — O mercado, que apostou e nomeou Levy, o destituiu nesta sexta. Agora, é apenas uma alma penada na fantasmagórica Esplanada dos Ministérios.

19/10/2015 — Cunha tá dizendo que, agora, pedido de impeachment de Bicudo tá bem fundamentado e que pode acatá-lo na terça.

22/10/2015 — Se a conta, como ele diz, não é dele, por que Cunha pediu pro Supremo investigar as contas da Suíça?

22/10/2015 — O que me intriga é Cunha ter pedido sigilo das contas na Suíça. Ao fazer tal solicitação, a meu ver, se transforma em réu confesso.

25/10/2015 — Defendo uma isonomia investigativa para todos os 37 da lista do Janot. Digo,com autoridade, que Cunha é obsessão do MPF.

26/10/2015 — Se governo de Dilma protegesse filho de Lula, seria escândalo. Não seria se o presidente fosse do PSDB. É sempre assim.

26/10/2015 — Imperdível: Carta aberta à tia de Joaquim Levy, dona Henriqueta https://t.co/MLlYPdtz0B

26/10/2015 — O PT, antes, só via a Dilma como inimiga. Depois descobriu Cardozão. Pro Levy, foi um passo. Mas conseguiu derrubar apenas Mercadante.

27/10/2015 — + do que a Lava-Jato, a Zelotes atinge Lula em cheio: além da busca no escritório do filho, a prisão de amigo de 35 anos, Mauro Marcondes.

27/10/2015 — Quando Lula se diz indignado por Dilma deixar investigar, ele está nos dizendo que da investigação vem coisa contra ele. Seria réu confesso?

Novembro de 2015

A França sofre um dos maiores ataques terroristas de sua história: em Paris, são mais de 140 mortos em seis atentados, perpetrados por homens-bomba e terroristas armados; o presidente francês, François Hollande, estava no Stade de France, onde França e Alemanha disputavam uma partida de futebol e onde, também, ocorreram três explosões. O Brasil também é atingido por uma tragédia: o rompimento de uma barragem de rejeitos de mineração da empresa Samarco, subsidiária da Vale e da australiana BHP Billiton, causa um dos grandes desastres ambientais da história do Brasil. A lama, que inicialmente inundou o distrito de Bento Rodrigues, na cidade histórica de Mariana (MG), toma o leito do Rio Doce até chegar ao mar, já no Espírito Santo, configurando o maior acidente com rejeitos da história brasileira.

Já a descoberta de 141 casos de microcefalia em 44 cidades de Pernambuco soa o alerta na saúde; suspeitas de transmissão recaem sobre o vírus zika e o mosquito *Aedes aegypti*. Na política, Eduardo Cunha alega que o dinheiro de suas contas na Suíça são provenientes da exportação de carne nos anos 1980. O deputado tenta, de todas as formas, impedir a abertura de um processo no Conselho de Ética na Câmara, manobrando, inclusive, com a ajuda de petistas.

O senador Delcídio do Amaral (PT), líder do governo Dilma, e André Esteves, presidente do banco BTG Pactual, são presos por ordem de Teori Zavascki, do STF, sob a acusação de tentar interferir nas investigações da Lava-Jato ao tentar comprar o silêncio de Nestor Cerveró, que fez acordo de delação. Na casa do chefe de gabinete de Delcídio, Diogo Ferreira, foram apreendidas anotações que dizem que Esteves pagou R$ 45 milhões a Eduardo Cunha e outros parlamentares do PMDB por uma emenda em medida provisória. Enquanto isso, na Argentina, Roberto Macri leva a oposição à vitória nas eleições presidenciais.

14/11/2015 — Montenegro revela que Dilma tem alto conceito de honestidade e péssimo de gestão. Daí, o fracasso da tese de impeachment.

14/11/2015 — Já a caçarola de Lula, de tanta palha de aço e detergentes corrosivos pra limpar sujeiras, tá perdendo o tefal. Mas ainda é principal líder.

14/11/2015 — As pesquisas do Ibope, realmente, ainda apontam Lula como principal e maior líder de massa do país. Dificilmente seria superado.

24/11/2015 — Lula e filho depõem, amigos e correligionários de Lula são presos — não há 1/2 termo: é > perseguição política da história ou crime mesmo.

24/11/2015 — Se Lula tá sendo perseguido, devemos ir aos Direitos Humanos da ONU denunciar. Se não, devemos nos orgulhar de a justiça ser igual p/ todos.

25/11/2015 — Meios financeiros e políticos abalados. Prisão de banqueiro surpreende mais do que senador já denunciado.

25/11/2015 — A pergunta agora entre senadores: quem será macho de ir contra essa decisão do Supremo.

25/11/2015 — Há tempos que o plenário do Senado não fica tão lotado. Decisão histórica.

25/11/2015 — Desde o final da tarde corre esse boato de acordo: Senado revogaria prisão, mas suspenderia por tempo deteminado mandato de Delcídio.

25/11/2015 — Algum senador sensato poderia levantar como questão de ordem a suspeição dos votos dos senadores citados na Lava-Jato.

25/11/2015 — Novas emoções estão por vir: a delação do Cerveró abalará a República.

25/11/2015 — Os interesses do André Esteves na Petrobrás são múltiplos. Seus negócios nem sempre claros. Suas relações também.

27/11/2015 — No depoimento revelado em 1ª mão pela danada da Andréia Sadi, Delcídio deixa claro que vai entregar todo mundo, se aderir à delação premiada

27/11/2015 — Delcídio revela que foi consultado por Dilma pra nomeação de Cerveró, mas informa que ela conhecia Cerveró desde que era secretária no RS.

28/11/2015 — Medo dos políticos é que, pelo livro de cabeceira na cela sobre origem do Estado Islâmico, Delcídio acabe se transformando num homem-bomba!

28/11/2015 — Filho de Lula copia internet pra justificar recebimento de R$ 2,5 milhões do lobista Mauro Marcondes Machado, amigo de 40 anos do pai.

28/11/2015 — Piadinha tola do WhatsApp: Perguntaram a Lula sobre Delcídio: "Não conheço Delcídio, homicídio nem suicídio. Como sindicalista, só dissídio"

29/11/2015 — Vence hoje prisão de Esteves. Duvido que seja solto. Supremo deixaria imagem de que prendeu Delcídio por vingança.

29/11/2015 — Graças a Delcídio, daqui pra frente, a Lava-Jato vai começar a pegar os políticos. Pra não ficar feio pro Supremo.

29/11/2015 — O advogado do advogado do Cerveró achou tão comprometedoras as gravações do cliente que deixou o caso ontem.

29/11/2015 — Não falei? Supremo prorrogou prisão de André Esteves. Efeito Delcídio, certamente.

30/11/2015 — É grave, gravíssima denúncia de que André Esteves teria pagado 45 milhões por uma emenda parlamentar. É o Fim do Mundo.

30/11/2015 — O Fantástico acaba de divulgar matéria sobre o suposto pagamento de 45 milhões ao presidente da Câmara pra aprovação de MP feito por Esteves

30/11/2015 — Cunha acusava Delcídio. Ontem, foi o dia da caça. Hoje, o dia do caçador. A vida é uma roleta.

Dezembro de 2015

O mês começa com a análise do parecer do deputado Fausto Pinato (PRB) sobre a representação movida no Conselho de Ética e Decoro Parlamentar da Câmara por PSOL e Rede Sustentabilidade contra Eduardo Cunha; a conclusão do relator é pela "aptidão e justa causa" da representação. Em retaliação, Eduardo Cunha acolhe pedido de impeachment de Dilma Rousseff, feito pelos juristas Hélio Bicudo, Miguel Reale Jr. e Janaína Paschoal, pouco mais de cinco horas depois do anúncio de que os três deputados do PT que integram o Conselho de Ética votariam a favor da continuidade das investigações contra Cunha. A presidente Dilma reage fazendo um pronunciamento duro à imprensa em que se destaca do peemedebista, utilizando para isso as acusações que pesam sobre ele: "Eu jamais aceitaria ou concordaria com quaisquer tipos de barganha".

No Palácio do Jaburu, Michel Temer recebe integrantes do DEM e do PSDB, que pedem um novo governo de união nacional. Eliseu Padilha, braço direito de Temer, entrega carta de demissão e é desligado da pasta da Aviação Civil; o grupo de confiança do vice-presidente, que tem, além de Padilha, nomes como Moreira Franco, Romero Jucá e Geddel Vieira Lima, já articulam o impeachment no PMDB. Dilma, enquanto isso, busca apoio entre governadores e organiza ofensiva nas frentes política, jurídica e social, também apostando em um racha do PMDB. O distanciamento profundo entre Dilma e Temer, no entanto, torna-se declarado com a revelação de uma carta pessoal do vice à presidente, na qual o político declara à petista: "A senhora não confia em mim".

Liminar do ministro do Supremo Edson Fachin, no entanto, paralisa o processo de impeachment: segundo o juiz, o STF é o guardião do procedimento e é a Corte que definirá o rito a ser seguido, do início ao final do percurso. O Supremo decide que o trâmite do impeachment deve seguir o que foi adotado em 1992, quando do afastamento do então presidente Fernando Collor, anulando, desta forma, sessão secreta e ritos até então adotados pela Câmara para o processo.

Leonardo Picciani deixa a liderança do PMDB. Michel Temer, em entrevista ao *O Globo*, nega ser golpista: "Não tenho culpa se setores do partido querem derrubar a presidente". Enquanto isso, o MP denuncia o pecuarista José Carlos Bumlai, Lula, João Vaccari Neto e mais nove pessoas por corrupção, no âmbito da Lava-Jato; PF vasculha casas e escritórios de Eduardo Cunha e de outros políticos do PMDB, muitos ligados a Cunha e ao presidente do Senado, Renan Calheiros, em nova fase da operação.

Mais uma agência de risco, a Fitch, retira do país a chancela de bom pagador. Joaquim Levy acerta sua saída da Fazenda; Nelson Barbosa assume a pasta. O ex-governador de Minas, Eduardo Azeredo (PSDB), é condenado a 20 anos e dez meses de prisão por peculato e lavagem de dinheiro no mensalão tucano. Incêndio destrói instalações do Museu da Língua Portuguesa, em São Paulo.

01/12/2015 — Aécio me disse hoje que PSDB vota unido no Conselho e no plenário contra Cunha. Tudo depende dos votos dos petistas. Lula não quer briga.

01/12/2015 — É no mínimo imoral condicionar pauta do impeachment a resultado de votação do Conselho de Ética.

01/12/2015 — Não quero ser alarmista não, mas não sei até quando a paciência popular vai aguentar a protelação do julgamento de Cunha.

01/12/2015 — Soube agora que Renan está ameaçando convocar sessões do Congresso amanhã de manhã e à tarde. Tudo para impedir reunião do Conselho.

01/12/2015 — Protelar decisão que levaria à investigações é obstruir investigações. É crime em qualquer esfera. É caso de flagrante delito. É crime.

02/12/2015 — Cunha acolhe pedido de impeachment da Dilma.

02/12/2015 — Sinto-me, como todos os brasileiros, ofendido na minha inteligência com a alegação de Cunha de que tomou uma decisão técnica. Foi vingança.

03/12/2015 — Na sua resposta a Cunha, Dilma negou ter aceitado barganha. Então alguém do palácio, indevidamente, andou falando em seu nome, o que é grave

03/12/2015 — Temer a assessores: "Não prometi ajudar juridicamente ninguém. Eu ajudo é o país, na defesa da Constituição".

04/12/2015 — Eliseu Padilha não está de saída do governo. Ele já saiu. Sua carta de demissão foi protocolada ontem no palácio do Planalto.

04/12/2015 — O governo começou a isolar Padilha desde que notou suas movimentações dúbias sobre o impeachment.

04/12/2015 — Anteontem, Padilha tentou incluir dissidentes na comissão do impeachment. Dilma soube e ficou indignada. Foi gota d'água. Padilha se mandou!

05/12/2015 — A bem da verdade, e com todo o respeito, Padilha caiu porque estava conspirando contra a Dilma. E foi descoberto.

07/12/2015 — Reconheçam: a Dilma está agindo muito rápido pra impedir o impeachment, como alguém que combate câncer logo no começo pra chances de 90%.

08/12/2015 — EXCLUSIVO: CARTA DE TEMER A DILMA: https://t.co/qkJGbja3Qu

08/12/2015 — O país vai dormir hoje com fato quase inédito na história da República: vice praticamente rompido com a presidente. É crise em cima de crise

08/12/2015 — O importante é a carta. Ela é histórica e, por si só, representa uma grave crise, independentemente das outras crises.

09/12/2015 — A intenção até pode ser outra, mas a decisão de Fachin arrasta ainda mais o impeachment, que é tudo que a oposição. P/ Dilma, qto + cedo bom

09/12/2015 — A derrota do governo na Câmara e a destituição hoje de Picciani da liderança do PMDB são efeitos da carta de Temer. Outros sinais virão.

11/12/2015 — Depois do encontro, Dilma e Temer anunciam pacificação, mas voltam a brigar pela liderança do PMDB na Câmara. Quintão X Picciani.

15/12/2015 — Polícia apreendeu também o celular de Cunha. Ele está parcialmente incomunicável.

15/12/2015 — PF vasculha sedes e casas das principais autoridades do PMDB.

15/12/2015 — A operação atinge todos os líderes partidários do PMDB, menos Temer. Os atingidos, além dos próprios, são ligados a Cunha e Renan.

15/12/2015 — Aprovado processo contra Cunha por 11 a nove.

16/12/2015 — Tenho a ligeira impressão de que Levy não passará o Natal no cargo de ministro da Fazenda.

16/12/2015 — O PT, de tanto vulgarizá-lo, desmoralizou o golpe no país. Pelos critérios petistas, qualquer um, mas qualquer um mesmo, pode ser golpista.

17/12/2015 — Triste sina: Dilma começou o ano nas mãos de Cunha e termina nas de Renan. Vale a pena tanto sacrifício?

17/12/2015 — Dona Henriqueta, tia de Levy, que tanto lutou pela saída do sobrinho, já não atende nem mais meus telefonemas. Deve tá fazendo mudança dele.

18/12/2015 — Como o STF, que investiga Renan, dá a ele poderes para decidir impeachment da Dilma? Eu não entendo.

19/12/2015 — Teori não autorizou busca na casa de Renan, pedida por Janot, mas, em troca, quebrou sigilo bancário e telefônico do presidente do Senado

19/12/2015 — Teori tinha dito que, na Lava-Jato, puxava uma pena e saía uma galinha. Na quebra do sigilo de Renan, puxa um chifre, virá um rebanho.

Janeiro de 2016

O ano começa com a entrada em vigor, no Brasil, do Acordo Ortográfico de 1990, após sete anos de transição. O empreiteiro Léo Pinheiro, ex-presidente da construtora OAS, trocava favores políticos por dinheiro, além de discutir projetos de interesse da empresa com autoridades, segundo apuração da Lava-Jato. O promotor Cassio Conserino, do Ministério Público de São Paulo, diz ter provas para denunciar Lula e sua esposa, Marisa Letícia, por crime de ocultação de patrimônio em investigação envolvendo um apartamento triplex no edifício Solaris, em Guarujá (SP), também investigado pela Lava-Jato; o promotor apura a transferência, para a OAS, de prédios inacabados da Cooperativa do Sindicato dos Bancários, a Bancoop. Um sítio na cidade de Atibaia (SP) também é alvo de investigação: a propriedade, que pertence a amigos de Lula e onde a família do ex-presidente passou muitos finais de semana, teria sido reformada pela Odebrecht; conforme apurado pela *Folha de S. Paulo*, a mulher de Lula comprou um barco para o sítio, no valor de R$ 4 mil.

No primeiro encontro do ano entre Dilma e Temer, o vice-presidente sugere à petista que o governo esteja disposto a ser “mais servo” do que a dar ordens, e que ela ouça mais do que fale nas reuniões; já Dilma diz a Temer que o projeto do PMDB ”Ponte para o Futuro” foi enviado ao ministro Nelson Barbosa para análise. A Organização Mundial de Saúde anuncia que o vírus zika é uma epidemia que se alastra de forma explosiva pelo mundo; no Brasil, doença pode infectar até 1,5 milhão de pessoas em um ano.

16/01/2016 — Eis os 15 partidos ligados ao Léo Pinheiro: PT, PMDB, PSDB, PP, PSD, PR, PRB, DEM, PSD, PTB, PROS, PSB, PDT, PCdoB e PV.

16/01/2016 — Ricardo Pessoa, chefe do cartel das empreiteiras deu três garrafas de Vega Sicilia Único Gran Reserva 2003, a R$ 2.059,95 cada uma e cobra!

16/01/2016 — Jaques Wagner não pode ser criminalizado por ter recebido vinhos de presente da UTC quando o Congresso (quase) todo veste gravata da OAS.

20/01/2016 — Quando a gente achava que um empreiteiro apenas tinha o país no bolso, vem um Léo Pinheiro pra provar que eram vários.

23/01/2016 — Dilma e Temer, a sós, conversaram 15 min. Transcritas dão 45 linhas ou 1.480 caracteres. A carta de Temer tem 90 linhas ou 5.132 caracteres.

30/01/2016 — O fato de Lula frequentar esse sítio, no mínimo, há 16 anos, não quer dizer que seja o dono.Mas, se eu fosse ele requeria usucapião.

30/01/2016 — Lula reagiu no mesmo tom aos ataques do Alckmin sobre o triplex. Pronto, começou a sucessão de 2018. Com Aécio de fora!

Fevereiro de 2016

A tese de que José Carlos Bumlai pagou parte da reforma do sítio de Atibaia frequentado por Lula é reforçada por documentos apreendidos pela PF no escritório do pecuarista, em Campo Grande (MS). João Santana, publicitário responsável pelas campanhas presidenciais de Dilma e pela campanha de reeleição de Lula, e sua mulher, Mônica Moura, são presos na 23ª fase da Lava-Jato, por suspeita de recebimento ilegal de US$ 7,5 milhões no exterior. Relatório da PF diz que o ex-presidente petista precisa ser investigado com parcimônia, pelo possível envolvimento em práticas criminosas. Panelaços são registrados em pelo menos 14 capitais durante programa do PT em rádio e televisão. Apesar da crise do partido e das denúncias de corrupção, o PT registra aumento no número de filiados; 31,4% das filiações registradas em 2015 são de jovens entre 16 e 29 anos.

Já a epidemia do vírus zika continua preocupando: o Rio tem 16 casos da síndrome de Guillain-Barré, doença neurológica associada ao vírus; registros no país explodem, junto com ocorrências de microcefalia congênita, também associada ao Zika. O Zika também é detectado pela Fundação Oswaldo Cruz na saliva e na urina de infectados; a doença é prioridade da saúde pública e do governo.

No cenário político, Leonardo Picciani é reeleito líder do PMDB na Câmara, uma vitória da presidente Dilma contra Eduardo Cunha, que pretendia eleger o aliado Hugo Motta. O processo de Cunha no Conselho de Ética, neste mês, já é o mais longevo dentre todos os que já tramitaram por lá; nem sequer o parecer preliminar do relator foi apreciado.

04/02/2016 — Lula foi 111 vezes ao sítio de Atibaia. Nem o Aécio foi tudo isso de vezes ao Palácio da Liberdade, em Minas, durante oito anos de governo.

06/02/2016 — Não tenho medo de patrulhamento ao reconhecer o empenho do governo Dilma no combate ao zika vírus. Claro que é uma obrigação.

17/02/2016 — O afastamento do ministro da Saúde, por 1 dia, para votar no líder do PMDB na Câmara, afeta a imagem do governo?

20/02/2016 — Apesar de todos os escândalos envolvendo estrelas do partido, cresce vertiginosamente o nº de filiação ao PT entre o público jovem.

20/02/2016 — Nem na época de ouro do PT ocorreu tal fenômeno, o da filiação de jovens ao partido. Este é um fato importantíssimo, paralelo à política.

26/03/2016 — Maldição! Agora são três o número de ex-presidentes investigados pela Polícia Federal.

Março de 2016

José Eduardo Cardozo deixa a pasta da Justiça; para seu lugar, Dilma indica Wellington César, ex-procurador-geral de justiça na Bahia — mas um impedimento constitucional o obriga a deixar o cargo menos de duas semanas depois de sua posse. A presidente escolhe, então, novo substituto, o também jurista e mestre em Direito Internacional dos Direitos Humanos Eugênio Aragão.

É, entretanto, durante a curta passagem de César no poder que acontece um dos fatos mais marcantes do período e, também, da Lava-Jato: a condução coercitiva de Lula, na manhã do dia 4 de março. O ex-presidente é levado ao Aeroporto de Congonhas e depõe durante três horas em uma sala da Polícia Federal. Depois, Lula segue para a sede do PT, em São Paulo, e de lá faz um pronunciamento, no qual diz ter sido "sequestrado em casa", atacando o "método" escolhido por Moro para conseguir seu testemunho. Dilma se disse indignada com a ação policial.

O Ministério Público de São Paulo denuncia Lula, Marisa Letícia e o filho do casal, Fabio Luís, o Lulinha, por lavagem de dinheiro e falsidade ideológica, em processo relativo ao triplex do Guarujá. O órgão pede ainda a prisão preventiva do ex-presidente, justificando que o petista poderia "movimentar sua rede violenta de apoio, para evitar que o processo-crime que se inicia tenha seu curso natural". Manifestações pró e anti-PT, Lula e Dilma são marcadas. A primeira, no dia 13, é de protesto contra o partido e seus maiores expoentes, e homenagens a Sérgio Moro surgiram em todas as unidades federativas do Brasil; estima-se que os atos tenham reunido milhões de pessoas, configurando a maior manifestação da história do país. A segunda, no dia 18, também é realizada em todos os estados, mas as estimativas oficiais apontam que apenas 275 mil pessoas participaram do ato a favor do governo e de Lula.

Entre as duas manifestações, Dilma nomeia Lula ministro da Casa Civil; a decisão logo é acusada de ser uma manobra para dar ao petista foro privilegiado em meio à Lava-Jato, uma vez que o status de ministro o levaria a julgamento no STF, não mais na alçada do juiz Sérgio Moro. Porém, Moro se antecipa e libera o sigilo de gravações do ex-presidente, inclusive de uma conversa entre Lula e Dilma sobre a nomeação, que é contestada e, por fim, suspensa por decisão do ministro do STF Gilmar Mendes. Eugênio Aragão, o novo ministro da Justiça, diz estar estudando medidas judiciais contra Moro; já o juiz pede "respeitosas escusas" à Corte por ter divulgado os áudios de Lula.

Uma nova pesquisa Datafolha indica que 68% dos entrevistados são favoráveis ao impeachment de Dilma. PMDB rompe definitivamente com a petista, em decisão por aclamação que durou apenas três minutos; o partido começa a desembarcar de seus ministérios. Para impedir que Temer seja presidente em exercício, Dilma cancela viagem oficial aos Estados Unidos. O governo, pela primeira vez, crê que a ameaça da perda do mandato de Dilma Rousseff seja real. Novas manifestações a favor da permanência de Dilma no poder são realizadas no dia 31, também o dia em que o STF decide que Sérgio Moro deve enviar todas as investigações sobre Lula para a Corte, pois os grampos contém diálogos do petista com autoridades de foro privilegiado. Os responsáveis pela defesa de Dilma afirmam que não existe base legal para o impeachment, por não haver crime de responsabilidade. OAB decide, por ampla maioria, apoiar o pedido de impeachment de Dilma.

04/03/2016 — A operação desta sexta vai radicalizar ainda mais o processo político.

04/03/2016 — O governo e, principalmente, a oposição não estavam preparados para esses acontecimentos todos.

04/03/2016 — Tive informações seguras de que tanto o "sainte" quanto o "ficante" do ministério da Justiça sabiam da operação desta sexta-feira.

04/03/2016 — A oposição, antes de tomar qualquer providência, agora, encomenda pesquisas pra saber pra onde caminhar. Tá tão perdida quanto o governo.

04/03/2016 — Renomado advogado me diz agora: "Não se conduz coercitivamente alguém que não se recusou a depor".

04/03/2016 — Corrigindo: Que vexame: justiça federal veta posse de ministro da Justiça. Dilma, demita assessoria jurídica que te deixou cometer esse erro

09/03/2016 — MP de SP, segundo Marcelo Cosme, acaba de denunciar Lula por lavagem de dinheiro. Danou-se!

10/03/2016 — FH e Lula, justiça lhe façam, fizeram bons governos. Estavam prontos pra governar, mas não pra permanecer na História como estadistas.

10/03/2016 — Acho que tem petistas infiltrados entre os procuradores paulistas, dentro do projeto de antecipar a criação de um grande mártir.

10/03/2016 — Só a especulação de que houve convite a Lula pra ser ministro já enfraquece a defesa do ex-presidente. Parece rota de fuga.

12/03/2016 — O PMDB só tem moral pra impedir que filiados assumam novos cargos no governo, se devolver todos os cargos que o partido ocupa atualmente.

14/03/2016 — Que sina a de Lula: estar à frente — como militante e, depois, como alvo — das 2 maiores mobilizações da História: diretas já e "fora PT".

14/03/2016 — Ao ver aquelas multidões no Anhangabaú e na Candelária, Lula, jamais poderia imaginar que 32 anos depois elas se voltariam contra ele.

16/03/2016 — Collor, na crise, criou um ministério de "éticos". Dilma criou um ministério de investigados.

16/03/2016 — Como poderá Lula tentar reaproximação com PMDB, se Dilma afronta decisão do partido de ninguém assumir ministério nestes 30 dias?

16/03/2016 — E atenção: setores do PMDB preparam ações para expulsar Mauro Lopes, se ele aceitar ser ministro da Dilma, me informa Geddel.

16/03/2016 — Moro deu o troco e desmontou o caráter republicano que Dilma tentou dar à nomeação de Lula.

16/03/2016 — Repararam a frieza da conversa telefônica entre Dilma e Lula. Decididamente, a relação entre os dois hoje é muito formal.

16/03/2016 — Dilma não é a primeira. FH também já teve sua conversa com Luiz Carlos Mendonça de Barros gravada e divulgada no escândalo da privatização

16/03/2016 — Na época, os petistas que agora chiam por causa da Dilma, foram os que tornaram pública a gravação de FH com seu ministro.

17/03/2016 — Temer não vai à posse de Lula em protesto por Dilma estar nomeando Mauro Lopes, desrespeitando decisão do PMDB. É praxe vice comparecer.

17/03/2016 — Na verdade, Temer não vai à posse de Lula porque também não quer ficar contra as ruas, que estão contra a ida do ex-presidente pro governo.

17/03/2016 — Mauro Lopes é pretexto que cai bem pra Temer não ter ido à posse de Lula.

17/03/2016 — Atenção: O Diretório Nacional do PMDB se reúne no próximo dia 28 para decidir sobre o rompimento com o governo.

18/03/2016 — A gente cansa de reclamar das operadoras, mas elas não atendem nem o Moro, quando este manda suspender grampos de Lula.

18/03/2016 — As manifestações de hoje representam um componente fortíssimo na gangorra política. É uma ducha de água fria na oposição: o povo tá dividido.

19/03/2016 — A partir de hoje e até o dia 30, Lula poderá ser preso pela Lava-Jato, já que está sem foro privilegiado e Gilmar remeteu o caso pra lá.

20/03/2016 — Quem não se envolver agora, neste momento, na grave crise do país, não tem condições de se apresentar amanhã como solução, viu, Marina?!

21/03/2016 — Se Dilma cair, parcela do povo vai pra rua. Se ela ficar, outra parcela também vai pra rua. Ninguém governará tranquilo daqui pra frente.

27/03/2016 — Em vez de ir pra guerra, se eu fosse a Dilma, estendia a mão em conciliação e convocava todas as forças políticas pra governarem com ela.

27/03/2016 — Uma coisa é conciliação nacional, outra, acordão político, conchavo pra salvar todo mundo e não sair do lugar.

28/03/2016 — PMDB decide aprovar rompimento por aclamação e ministros começam a deixar o governo https://t.co/7D77eASIbH

28/03/2016 — Amanhã, PMDB rompe com o governo por aclamação e setor produtivo, Fiesp à frente, publica anúncios pelo impeachment. O que sobra?

28/03/2016 — Como o governo e o PT deixaram a situação chegar num ponto quase irreversível?! Desculpem-me, mas, além dos erros, faltou competência.

29/03/2016 — Viram? como antecipou o blog do Moreno, Dilma acaba de tirar o pão da boca de Temer, cancelando viagem aos EUA e impedindo-o de assumir.

Abril de 2016

Rodrigo Janot muda seu parecer e solicita que a Corte anule a nomeação de Lula para a Casa Civil, acusando ainda Dilma de tentar obstruir a Justiça com essa nomeação; o julgamento previsto para o dia 21 é adiado, sem data prevista para ocorrer, mantendo desta forma a suspensão declarada por Gilmar Mendes. No dia 11, a Comissão de Impeachment da Câmara decide aprovar relatório do deputado Jovair Arantes (PMDB) favorável ao impedimento da presidente; foram 38 votos a favor e 27 contra.

Apenas seis dias depois, no dia 17, um domingo, a Câmara dos Deputados aprova a autorização para o processo de impeachment de Dilma Rousseff; foram 367 votos a favor, 25 a mais do que o necessário, e 137 contra. A sessão da Câmara que começou a definir o destino da presidente teve início na sexta-feira e seguiu cronograma rígido estabelecido pelo presidente da Casa, Eduardo Cunha. A votação, aberta, é um evento midiático e político sem precedentes no Brasil, com direito a transmissão televisiva ao vivo. Após a votação na Câmara, no entanto, Dilma insiste no discurso de que seu afastamento é um golpe de Estado, o que provoca reações de diversos partidos e de ministros do STF.

No dia 11, mesma data em que o impeachment é aprovado em comissão na Câmara, um áudio via Whatsapp, de forma supostamente acidental, apresenta Michel Temer discursando como se fosse o presidente empossado após a votação no Congresso — o que tardaria ainda quase uma semana para acontecer. Para o Planalto, o vazamento revela uma "trama golpista" envolvendo o vice-presidente; para Temer, o áudio apenas reflete o seu pensamento.

O vice começa a revelar alguns de seus planos futuros para a presidência, como a proposição de idade mínima de 65 anos para a aposentadoria e a flexibilização da Consolidação das Leis do Trabalho (CLT). A cerimônia da tocha olímpica acontece em Atenas, dando início à contagem regressiva para o início dos Jogos Olímpicos do Rio de Janeiro. Horas depois do evento na Grécia, no entanto, a luz amarela acende na Cidade Maravilhosa em relação à infraestrutura para os Jogos, com o desabamento de 50 metros da ciclovia inaugurada há poucos meses no bairro do São Conrado; duas pessoas morrem em decorrência do fato.

01/04/2016 — Dilma tá exonerando todo mundo ligado ao Temer que daqui a pouco exonera o próprio vice.

01/04/2016 — Collor, derrubado pelo Congresso, foi absolvido depois pelo STF. Pelo raciocínio de hoje, ele também teria sido vítima de golpe.

01/04/2016 — A única prova contra Collor foi revelada por este locutor que vos fala: o fiat Elba. No mais, foi um julgamento político, que não foi golpe.

02/04/2016 — A verdade é que o impeachment parou o país. Até empresas privadas estão adiando decisões para depois da votação da matéria no Congresso.

07/07/2016 — Quem, a esta altura, não sabe se fica com o governo ou com a oposição, tá procurando o melhor preço. Pra se vender. Pra qualquer lado.

09/04/2016 — BOMBA: A coluna do Moreno de hoje informa que Janot deverá denunciar Lula e Dilma, por obstrução. No caso dela, vai pedir licença ao TSE.

09/04/2016 — O governo, pelo que me contam as fontes do Planalto, torce pra que não surjam fatos novos, tem votos pra segurar o impeachment, mas na risca.

09/04/2016 — Ou seja, o governo não tem uma margem de segurança. Está à mercê dos mercadores de votos. Isso é perigoso.

11/04/2016 — URGENTE: Temer vem ao Rio conversar com caciques do PMDB sobre impeachment. https://t.co/SwB24fot3J

11/04/2016 — Surgiu o fato novo. E ele favorece a Dilma: o áudio de Temer, divulgado acidentalmente, é um tiro mortal no impeachment.

11/04/2016 — Aprovado o impeachment na comissão.

13/04/2016 — Há uma coisa que quase ninguém está falando, mas, uma vez aprovado o impeachment, cessa naturalmente o processo do TSE. Temer fica livre!

13/04/2016 — No TSE, a punição é para a chapa inteira, mas, uma vez desfeita pelo impeachment, o vice não será punido no lugar do titular.

13/04/2016 — Até o presidente do PT, Rui Falcão, evita defender Dilma. Ele prevê "vitória da democracia", não dela.

13/04/2016 — Reeleita, Dilma poderá ser afastada, nesse segundo mandato, 16 meses depois da posse. Collor foi 21 meses depois da posse.

14/04/2016 — Cerca de 115 milhões votaram e 100 milhões elegeram a atual Câmara. Logo, nenhuma decisão pode ser considerada golpe.

14/04/2016 — Constitucional e até aritmeticamente, quem representa 100 milhões de brasileiros pode perfeitamente cassar quem representa 54 milhões.

14/04/2016 — Dilma, se cair, vai cair de pé, dizem os que a conhecem bem. E de cabeça erguida. Será mais tarde julgada pela História, não se sabe como.

14/04/2016 — É nesse argumento que os defensores da "democracia" deveriam se apegar, na honestidade da Dilma. Não nessa besteira de golpe.

14/04/2016 — Eu não tenho medo de patrulhas: Dilma é honesta, mas se revelou incompetente para governar o país. Esta é a verdade!

16/04/2016 — Esta é a realidade: o governo, ao contrário do que se dizia, não jogou a toalha e resolveu lutar até o fim, como prometera a própria Dilma.

16/04/2016 — Na minha modesta avaliação, o impeachment deve ganhar, mas a oposição levou um baita susto e chega à votação com o coração na mão.

16/04/2016 — PT está oferecendo todas vagas de candidatos das capitais e principais cidades a quem votar contra o impeachment. Abriu mão das eleições

16/04/2016 — O PSOL e PCdoB têm sido mais contundentes da tribuna na defesa da Dilma do que o PT.

16/04/2016 — Pergunta atrasada: O que fizemos de tão certo ou de errado para, 24 anos depois, chegarmos hoje ao nosso segundo impeachment?

17/04/2016 — Repito: tem gente indo, simultaneamente, com a maior cara de pau, aos dois palácios (Alvorada e Jaburu) só pra comer. Esfomeados!

17/04/2016 — Eduardo Cunha presidindo uma sessão de impeachment é uma afronta à população brasileira. É um espetáculo degradante, humilhante mesmo.

19/04/2016 — A verdade é que temos atualmente dois governos: um que resiste e outro que insiste, um em decomposição e outro em formação. E um só país.

19/04/2016 — Não se pode chamar de conspiração algo que é feito à luz do dia. O máximo que se pode dizer é que perderam a cerimônia.

22/04/2016 — Que golpe de estado é este em que manifestantes botam p/ correr de casa o presidente da República em exercício e não são sequer incomodados?

22/04/2016 — Poderiam até dizer que ganharam no tapetão. Ganhar no tapetão é ganhar na lei, fora do campo de jogo, no caso, das urnas. Aí cabe.

22/04/2016 — Daqui a 20 dias acaba ou continua o governo Dilma Rousseff. E começa ou termina o sonho do PMDB de ter Temer presidente.

22/04/2016 — Portanto, 2016, administrativa e politicamente falando, só começa para os brasileiros no dia 12 de maio.

27/04/2016 — Os jornais pouco falam da gestão atual, dando espaço para as articulações de Temer. Relegaram já o governo ao ostracismo? Não. Ele parou!

28/04/2016 — Se Dilma abraçar a tese das "diretas já" será a maior confissão de culpa da História. Impeachment não permite delação premiada.

Maio de 2016

A tocha olímpica chega ao Brasil para percorrer todas as unidades federativas até o início das competições.

Rodrigo Janot denuncia Lula ao STF pela suspeita de ter tentado comprar o silêncio de Nestor Cerveró junto à Lava-Jato, após acusação feita por Delcídio Amaral. O procurador-geral também classifica Eduardo Cunha como um dos chefes da célula criminosa em Furnas e pede abertura de inquérito do político, que, no dia 5, é afastado de seu mandato de deputado federal e de presidente da Câmara; no lugar de Cunha, assume interinamente o vice-presidente da Casa, Waldir Maranhão (PP). Com 15 votos favoráveis, 5 contrários e uma abstenção, a Comissão Especial de Impeachment do Senado aprova relatório do relator Antonio Anastasia (PMDB) que pede o afastamento da presidente Dilma.

No dia 9, uma surpresa: Waldir Maranhão anula a sessão em que a Câmara aprovou a abertura do processo de impeachment. Renan Calheiros, presidente do Senado, qualificou a decisão como "brincadeira com a democracia", e o Partido

Progressista pensa em expulsar o político da agremiação. Mas Maranhão, em seguida, revoga a própria decisão e o rito do impeachment se mantém.

Delcídio Amaral é cassado por seus pares no Senado, sem qualquer voto contrário à sua perda de mandato. No dia seguinte, 11 de maio de 2016, Dilma Rousseff é afastada por 180 dias da função de presidente — tempo para o julgamento do mérito da acusação, por parte dos senadores —, em votação por maioria simples na mesma Casa; 55 votos foram favoráveis ao afastamento e 22 contrários.

Michel Temer assume a presidência interina e anuncia 23 ministérios, com representantes de 11 partidos e sem qualquer representante feminina; os nomes de José Serra e Henrique Meirelles são confirmados. A decisão mais polêmica é a extinção da pasta da Cultura, que revolta a classe artística; a repercussão é tão negativa que, após tentar emplacar uma nova versão da pasta, a Secretaria Nacional da Cultura, Temer recria o ministério do mesmo modo pelo qual o extinguiu: por meio de medida provisória.

Meirelles, na Fazenda, anuncia a meta de cortar quatro mil cargos de confiança, priorizando o equilíbrio fiscal. Serra, no Itamaraty, critica posição de países latinos, ditos bolivarianos, sobre o impeachment. O líder de governo na Câmara escolhido por Temer não é do PMDB, mas um aliado de Cunha: André Moura (PSC), que responde a três processos no STF. Porém, o fato de o presidente interino indicar réus e investigados a cargos de confiança não configura a primeira crise com que Temer tem de lidar, mas, sim, o áudio vazado entre o ministro do Planejamento recém empossado, Romero Jucá, e o ex-presidente da Transpetro, Sérgio Machado. Nesse áudio, fruto de um grampo telefônico realizado no mês de março por Machado, Jucá diz que é preciso "estancar a sangria" da operação Lava-Jato, entre diversos outros comentários que soavam conspiratórios, mas eram, certamente, constrangedores para o novo governo.

Machado também grampeou Renan Calheiros, o ministro da Transparência Fabiano Silveira e o ex-presidente e senador José Sarney. Jucá se desliga do governo, sendo a primeira baixa ministerial de Temer. Silveira foi o segundo a cair, após ter seu áudio com críticas à Lava-Jato vazado na televisão. José Dirceu é condenado pelo juiz Sérgio Moro a 23 anos e três meses de prisão, por corrupção passiva, organização criminosa e lavagem de dinheiro; é a maior das penas aplicadas na Lava-Jato até o momento. A empreiteira Andrade Gutierrez fecha acordo de leniência com a Justiça Federal: a empresa se compromete a pagar R$ 1 bilhão à União e a fornecer provas do pagamento de propina em obras da Copa do Mundo e do setor elétrico.

Na França, durante o tapete vermelho da primeira exibição do filme *Aquarius*, de Kleber Mendonça Filho, no festival de Cannes, a equipe do filme, inclusive o próprio diretor e a protagonista Sônia Braga, exibem cartazes em inglês e francês com dizeres como "Um golpe está acontecendo no Brasil" e "Dilma, vamos resistir com vocês".

02/05/2016 — Qualquer hora dessas, de tanto bater na mesma tecla, Dilma ainda vai trocar as bolas e dizer: "Impeachment sem golpe é crime!"

02/05/2016 — Tá na hora de dar uma baixada de bola no radicalismo político e pensar objetivamente nas soluções para o país. Acusações mútuas não resolvem

03/05/2016 — É contrassenso Dilma dizer que não renuncia e propor diretas já. Diretas já pressupõe renúncia da chapa.

03/05/2016 — Diretas já sim é golpe no eleitor que elegeu uma chapa pra até 2018. Se um sai, outro tem que ficar.

05/05/2016 — CUNHA NÃO É MAIS PRESIDENTE DA CÂMARA NEM DEPUTADO!

05/05/2016 — Cunha caiu primeiro do que Dilma. Vejam como a política é dinâmica.

05/05/2016 — Quem assume o lugar de Cunha é Waldir Maranhão, também implicado na Lava-Jato, mas que votou com Dilma, por pressão de Flávio Dino.

05/05/2016 — Cunha, salvo engano, é o primeiro presidente da Câmara afastado do cargo por decisão do STF.

09/05/2016 — Com a decisão de anular uma decisão do plenário da Câmara, Waldir Maranhão só prova que não tem preparo político e psicológico pro cargo.

09/05/2016 — Essa decisão de Waldir Maranhão, como o próprio, não se mantém de pé. O presidente interino da Câmara está de cócoras.

09/05/2016 — Matéria é vencida, decidida e aprovada pela maioria da Câmara, Já tá no Senado.

09/05/2016 — Um único deputado, por mais poder circunstancial e institucional que tenha, não pode anular um ato transitado e julgado.

09/05/2016 — O ato de Waldir Maranhão, desrespeitando a lei e a maioria da Câmara, é crime de decoro parlamentar, digno de cassação sumária.

09/05/2016 — Governo, diante da falácia da decisão de Maranhão, tenta jogar a bomba no colo de Cunha. Todos sabem que é coisa de Flávio Dino.

12/05/2016 — Por declarações de votos, o Senado já destituiu Dilma há algum tempo, com o voto declarado de Blairo Maggi.

12/05/2016 — Cardozo joga a culpa do impeachment no pecado original: Eduardo Cunha. E diz que ninguém contesta isso.

12/05/2016 — Collor e Lobão votaram a favor do impeachment, ambos aliados de Dilma. Lobão, uma surpresa extraordinária.

14/05/2016 — Dilma centralizava informação e punia vazamento. Este será um governo fértil em notícias. Todo mundo vai falar. Para a sorte dos jornalistas.

14/05/2016 — Na onda das Olimpíadas, brasileiros têm agora presidente em exercício, uma presidente afastada ciclista e um governador em exercício no Rio.

15/05/2016 — O governo Temer é mesocrático e mesoclítico.

15/05/2016 — Bom, pelo menos muitos carros oficiais de ministros não precisarão ser lavados fora. O ministério já veio com Lava-Jatos.

16/05/2016 — 1 chefe de gabinete + 4 outras mulheres em secretarias de governo + D. Marcela na área social = 6 mulheres pra 23 ministros. Muito pouco.

16/05/2016 — Não é que Temer não pode errar. Ele não tem tempo para errar. E o tempo não perdoa o que se faz sem ele.

18/05/2016 — PT vai fazer alianças municipais com o PMDB, partido que acusa de golpista. Logo, não pode acusar de ter sido vítima de golpe. É aliado dele.

22/05/2016 — Xexéo, com razão, questiona cineasta funcionário público que denunciou "golpe", mas acha que não será demitido "pq vivemos numa democracia"

22/05/2016 — O cineasta é Kleber Filho, de "Aquarius", e funcionário da Fundação Joaquim Nabuco, do ministério da Educação.

22/05/2016 — Aliás e a propósito, Vera Rosa conta no Estadão que Dilma ficou muito emocionada com manifestação de nossos artistas em Cannes contra golpe.

23/05/2016 — Jucá, como Delcídio, também implicou Teori e outros ministros do STF. Dilma já tinha implicado cinco. É hora de reação enérgica.

23/05/2016 — Jucá fala em licença, mas no sentido filosófico, pois só pode voltar ao Senado, se for demitido. É caso de demissão mesmo.

24/05/2016 — Cheguei a escrever na coluna ter ouvido de Temer que ele não teria compromisso com o erro. A exoneração de Jucá mostrou que não era retórica

24/05/2016 — Só que Temer deveria ter aproveitado a oportunidade para tirar a Lava-Jato de seu governo, demitindo todos os investigados, não os citados.

25/05/2016 —Acho que, na conversa com Renan, Machado mostrava um cartaz: "Sorria, você está sendo gravado". Não há comprometimentos, só inconveniências

25/05/2016 — Mas, como sempre, a gravação, mais uma vez, trucida o Aécio. Parece ser esse o objetivo obsessivo do grampeador.

26/05/2016 — Quando dizia em passar borracha no país, Machado estava querendo era apagar o impeachment, mostrando nas gravações desvios de finalidade

27/05/2016 — Partidários de Dilma alimentam esperanças de que Sérgio Machado venha a ser o grande salvador da pátria. Para eles, naturalmente.

30/05/2016 — Se Fabiano Silveira dormir ministro da Transparência, começarei a acreditar que Dilma pode ter razão, quando diz que vai voltar.

30/05/2016 — Por que criar ministério com nome tão simbólico e dá-lo a alguém que já tramou, pode ser que não trame mais, mas já tramou contra Lava-Jato?

30/05/2016 — É uma pena a teimosia de Temer. Ele desconhece o tamanho do erro, como na extinção do Minc. Voltar atrás é saudável, mas não a toda hora.

31/05/2016 — As gravações estão devorando o governo. E Temer na posição de quem está dizendo: "Se-lo-ei como o Sândalo, que perfuma o Machado que o fere".

Junho de 2016

O relator do Conselho de Ética da Câmara, Marcos Rogério (DEM), pede a cassação de Eduardo Cunha, afirmando ter provas robustas de vantagens indevidas do peemedebista no desvio de recursos da Petrobras. O político tem pedido de prisão solicitado por Rodrigo Janot, que também pede a prisão do ex-presidente José Sarney e dos senadores Romero Jucá e Renan Calheiros. A decisão pelas prisões, contudo, reside nas mãos de Teori Zavascki, que, no entanto, nega os pedidos de prisão contra os senadores, não firmando posição pela prisão do deputado afastado.

No processo contra Eduardo Cunha na Câmara, dois personagens menores dão o tom da guerra pela aprovação do relatório do Conselho de Ética favorável à cassação do mandato do político carioca: a deputada titular Tia Eron (PRB) e o suplente Carlos Marun (PMDB). Após muita pressão, Eron desempata a disputa, aprovando o parecer favorável à cassação de Cunha. Não é a única derrota do deputado: Sérgio Moro aceita denúncia e torna ré Cláudia Cruz, esposa de Cunha, por ter gasto cerca de US$ 1 milhão de uma conta na Suíça abastecida com propina recebida pelo marido advinda de desvios da Petrobras; além disso, o STF o torna réu pela segunda vez, por unanimidade, devido à manutenção de contas não declaradas na Suíça.

A delação do ex-presidente da Transpetro Sérgio Machado abala a capital federal: Michel Temer e outros 22 políticos, pertencentes a oito partidos, são acusados de pedir propina; entre os nomes citados estão Romero Jucá, Renan Calheiros e Aécio Neves. No caso de Temer, teriam sido R$ 1,5 milhão para a campanha do então peemedebista Gabriel Chalita à prefeitura de São Paulo, em 2012. Outro citado é o ministro do Turismo, Henrique Eduardo Alves, que pede demissão. No meio da avalanche política, o Planalto apresenta Proposta de Emenda Constitucional (PEC) que cria um teto para os gastos federais, para os três poderes, de no mínimo nove anos.

Neste mês, morre o maior campeão mundial de boxe de todos os tempos e uma das maiores lendas do esporte moderno: Muhammad Ali. No futebol, após um breve retorno ao comando da seleção, que envolveu a derrota na final da última Copa América para o Chile, encerra-se a segunda Era Dunga na Seleção; Tite é chamado para seu lugar, mas decide não ser o técnico da equipe olímpica, que prosseguirá nas mãos de Rogério Micale.

O Reino Unido decide, em plebiscito, por sua saída da União Europeia; o Brexit, como se tornou conhecido o movimento, provoca a renúncia do primeiro-ministro conservador David Cameron, a queda mundial das bolsas de valores e o declínio de 8,1% da cotação da libra esterlina em relação ao dólar.

01/06/2016 — Ironias da vida: Cristovam, demitido por Lula por telefone, pode dar o voto que poderá trazer o PT de volta ao poder.

01/06/2016 — A sociedade, precisa de informações seguras sobre a real situação do impeachment no Senado. Essa insegurança revelada agora paralisa o país.

01/06/2016 — Nessa conta apertada de votos, ninguém está falando no Lobão, ex-ministro de Dilma e Lula, que votou APENAS pela admissibilidade.

04/06/2016 — Na conversa com Dilma, Cristovam revelou estar recebendo pressões desumanas do governo Temer pra votar pelo impeachment. Se contou, tá c/ela

07/06/2016 — Fontes do STF admitem que Teori pode decretar o afastamento de Renan, mas recusar os pedidos de prisão dele, de Sarney e Jucá.

07/06/2016 — O raciocínio é simples: pra decretar a prisão de Renan teria que antes prender Cunha. O caso de Sarney é semelhante: há outros "ex" na fila

07/06/2016 — Não há precedente, acredito que na História da Humanidade recente, um pedido de prisão em massa das principais autoridades de uma República.

08/06/2016 — Hoje, na hora de dormir, vou rezar pra São Longuinho pra ver se a Tia Eron aparece

08/06/2016 — Quem deve também rezar é o governo. Se ela continuar sumida ou votar por Cunha é sinal de que há digitais do governo nessa cumbuca.

08/06/2016 — "Alô! Alô! Tia Eron!
Lá da rampa mandaram avisar
Que todo dinheiro será devolvido
Quando a senhora votar
Num envelope azul índigo"

10/06/2016 — Como pode Jandira combater "golpistas" se ela recebeu dinheiro justamente de um deles? Como doador, Machado não era "golpista".

13/06/2016 — "MPF pede suspensão dos direitos políticos de Cunha por 10 anos" — é a manchete agora de todos os principais sites jornalísticos do país.

14/06/2016 — Aprovado o parecer pela cassação de Eduardo Cunha por 11 a nove.

14/06/2016 — Se Cunha for preso, o que será que a justiça vai fazer com os 17 processos que ele tem ainda contra mim?

16/06/2016 — Renan tá zangado com medidas econômicas do Temer e tá ameaçando cassar Janot. Não devia, pois não tá podendo. Recebia a maior mesada do país

16/06/2016 — Logo após a divulgação do conteúdo da delação de Machado, políticos se reúnem em festa de S. João. Comemorar o quê? https://t.co/n5jm28iMhX

16/06/2016 — Com todo o respeito à senadora Kátia Abreu, mas fazer uma festa em cima dos acontecimentos de ontem foi um escárnio na cara dos brasileiros

16/06/2016 — Ou seja, depois de mostrarem indignação em nota contra delação de Machado, políticos foram comer, beber e dançar. É um acinte contra o país!

16/06/2016 — Só neste país delator divulga nota desmentindo delatado.

17/06/2016 — Quando diz serem graves as denúncias do Machado contra o PMDB de Temer, Cristovam tá sinalizando seu aguardado voto no impeachment da Dilma.

18/06/2016 — Jornais trazem hoje o que o blog do Moreno revelou no ato da demissão de Henrique Alves: saiu pelo que há de vir, não pelo que veio.

19/06/2016 — "Diálogo verdadeiro entre dois políticos:
— Quem é pior, Cunha ou Machado?
— Ah, são safadezas diferentes!"

23/06/2016 — Prisão de Paulo Bernardo faz tremer as bases petistas envolvidas com as campanhas eleitorais.

23/06/2016 — Tiraram o avião, o helicóptero e agora a PF tira o motoqueiro da Dilma. Só sobrou a bicicleta.

25/06/2016 — Temer quer fazer novo governo, depois que o Senado aprovar o impeachment, e reduzir a força do PP, de quem vai tomar o ministério da Saúde.

30/06/2016 — Vai pegar mal, muito mal, o governo Temer se dobrar para eleger o candidato de Cunha à presidência da Câmara. Aí sim será golpe!

30/06/2016 — Temer disse que não seria digno de ser presidente, se pedisse dinheiro a Machado. Pedir votos pra candidato de Cunha também não é bom gesto

30/06/2016 — Esse estranho elo entre Cunha e o governo Temer ainda vai levar o governo Temer para o buraco. A Nação não tolera mais acordos espúrios.

Julho de 2016

Cunha pede renúncia da presidência da Câmara, na tentativa de preservar o mandato; para o seu lugar, é eleito Rodrigo Maia (DEM), vencendo Rodrigo Rosso (PSD) nos dois turnos.

A Justiça Federal aceita pela primeira vez uma denúncia contra Lula e torna o ex-presidente réu, acusado de obstruir as investigações da Lava-Jato na tentativa de compra do silêncio de Nestor Cerveró.

Donald Trump é confirmado oficialmente como candidato do Partido Republicano à sucessão de Barack Obama nos EUA. O mundo, de fato, vive dias conturbados em julho: no feriado francês que comemora a Queda da Bastilha, um caminhão atinge multidão na cidade de Nice e mata 78 pessoas; na Turquia, uma tentativa frustrada de golpe militar abala o país e preocupa a Europa, após 265 mortes e a prisão de 2.800 militares e a destituição de 2.700 juízes. A conservadora Theresa May assume como primeira-ministra do Reino Unido, com a missão de materializar o Brexit.

02/07/2016 — Bomba! Um dos mais famosos advogados do país aceitou delação premiada e promete explodir os 3 poderes da República. https://t.co/fXjW1PyzM5

06/07/2016 — Vaquinha online para Dilma segue rumo ao dobro da meta https://t.co/81hfTg33Sk

07/07/2016 — Cunha acaba de anunciar renúncia à presidência da Câmara.

07/07/2016 — Cunha disse que a renúncia, apelo de seus correligionários, é única solução para a acefalia no comando da Câmara.

07/07/2016 — E O HOMEM FRIO, GELADO, SUCUMBIU AO CHORO NA HORA DE FALAR DA SUA FAMÍLIA, NA RENÚNCIA.

08/07/2016 — O que será que existe de tão atrativo num mandato de 6 meses e 15 dias pra atrair tantos candidatos, 14 ao todo. Que tal CPI da sucessão?

10/07/2016 — Com 270 dos 513 deputados de 13 partidos, o Centrão, maior acampamento de direita do Congresso, começa a ditar suas regras na política.

10/07/2016 — Dentre os 23 ministérios de Temer, o Centrão tem pelo menos cinco e está presente em todas as comissões permanentes e provisórias da Câmara.

11/07/2016 — A Câmara parece que vai disputar as Olimpíadas na categoria lançamento de candidatos. O nº já chega a 20.

14/07/2016 — Rodrigo Maia e Rosso vão pro segundo turno.

19/07/2016 — Tolo foi Temer que acreditou que Renan poderia indicar pessoa proba para o ministério. O erro foi de Temer, que ainda aceitou a indicação.

19/07/2016 — Há mais de 10 dias que toda a mídia vem informando que o indicado de Renan é réu no STF. Temer, portanto, não pode dizer que não sabia.

19/07/2016 — Na hora que a imagem do governo começa a melhorar, vem o próprio presidente nomear um ficha suja para o ministério. Nunca vi isso!

19/07/2016 — Temer se revela teimoso como Dilma. Não ouviu conselhos pra não nomear Henrique Alves e nem agora para nomear ficha suja pro mesmo lugar.

31/07/2016 — Rodrigo Maia deve sua eleição de presidente da Câmara mais a Aécio do que a Temer. Mas, no Estadão de hoje, lança reeleição deste.

Agosto de 2016

Começa a Rio 2016. Na cerimônia de abertura, o presidente interino Michel Temer é alvo de vaias intensas assim que sua imagem aparece nos telões do Maracanã. O Brasil conquista o maior número de medalhas de sua história, mas fica apenas em 13º lugar na classificação geral, com 7 medalhas de ouro, 6 de prata e outras 6 de bronze.

Em Brasília, Rodrigo Maia marca a data para a votação da cassação do mandato de Eduardo Cunha para 12 de setembro. A cronologia tenta impedir alguma reação de Cunha para mudar os rumos traçados para o impeachment. Na madrugada do dia 10, após 17 horas de sessão plenária, o Senado decide levar Dilma ao julgamento final no processo de impedimento, com 59 votos favoráveis, 21 contrários e a abstenção do presidente da Casa; a petista vai a julgamento pela edição de um decreto de crédito suplementar que seria incompatível com a meta fiscal; outros decretos e a acusação de "pedaladas fiscais" serão analisados em votações separadas.

A PF intima Marisa Letícia e o filho mais velho de Lula, Fábio Luis, para depoimento sobre o sítio de Atibaia. Teori Zavascki autoriza abertura de inquérito para investigar tentativa de obstrução da Lava-Jato com a nomeação de Lula para a Casa Civil por Dilma Rousseff; entre os investigados, além de Lula e Dilma, estão os ex-ministros José Eduardo Cardozo e Aloisio Mercadante, entre outros.

A PF indicia Lula e Marisa Letícia no âmbito da Lava-Jato, por suspeita de corrupção passiva e lavagem de dinheiro no inquérito que investiga o triplex do Guarujá. Enquanto isso, o mundo é mobilizado pela maior febre mundial de jogos para celular, que chega enfim ao Brasil: o Pokémon Go.

Em 25 de agosto, começa no Senado o julgamento final de Dilma Rousseff. No dia 29, Dilma faz a sua defesa no processo e, em seguida, responde a questionamentos dos senadores. O depoimento de Dilma termina apenas no dia seguinte: foram 14 horas respondendo a perguntas de 48 senadores. Após interrupção, a sessão é retomada, com os argumentos apresentados pelos advogados de acusação e de defesa da presidente. No dia 31, às 11 horas da manhã, começa a votação dos senadores, precedida pela leitura do relatório do processo; são necessários dois terços dos votos para qualquer aprovação nesta fase do julgamento.

Por 61 votos a favor e 20 votos contra, Dilma Rousseff é definitivamente afastada da Presidência. Porém, a perda de seus direitos políticos é fatiada para uma votação em separado. Nela, Dilma perde por 42 votos a favor e 36 contra, com três abstenções; uma vez que a votação não atinge a quantidade requerida de dois terços dos senadores favoráveis à questão, a petista preserva os direitos políticos e está habilitada a exercer cargos públicos. Michel Miguel Elias Temer Lulia toma posse, oficialmente, como o 37º presidente do Brasil.

10/08/2016 — Por 59 a 21 votos Dilma vira ré e vai a julgamento final, onde apenas 54 votos tirarão em definitivo o seu mandato.

18/08/2016 — Esses tucanos são gulosos mesmo: querem mais boquinhas no governo Temer pra não falar mais mal do Meirelles.

23/08/2016 — Todas as atenções se voltam agora para o julgamento do processo do impeachment e da fala da presidente Dilma na segunda-feira.

24/08/2016 — PT rejeita proposta de plebiscito de Dilma, proposta dela pra tentar voltar à presidência.

24/08/2016 — "Não vou ao Senado porque acredito nos meus belos olhos, mas sim na democracia", diz Dilma. Se há democracia, não há golpe. Ou tem?

24/08/2016 — O discurso do golpe, como marketing de defesa, é um achado, mas que se derruba ao ver atrás da mesa do "golpista" a foto da "golpeada".

24/08/2016 — A narrativa do golpe também se desmoraliza com a ida de Dilma ao Senado defender seu retorno ao cargo.

24/08/2016 — Em dois dias, Temer recebeu oito senadores do Nordeste para garantir votos deles a favor do impeachment.

25/08/2016 — Sessão final do impeachment começa com questões de ordem procrastinatórias e atrasa discussão de mérito.

25/08/2016 — Suspensa agora a sessão, depois de 10 questões de ordem inócuas de senadores pró-Dilma. Volta daqui a uma hora pra tentar ouvir testemunhas.

25/08/2016 — Lula, logo no início da fase final do julgamento de Dilma, comete spoiler: "Hoje, começam a rasgar a Constituição".

25/08/2016 — Dilma começa a falar no plenário do Senado. Vamos acompanhar.

29/08/2016 — Dilma começa reconhecendo erros, fala em deslealdade e fala das torturas na ditadura.

29/08/2016 — "Não esperem de mim o obsequioso silêncio dos covardes", diz ela.

29/08/2016 — Dilma começa a atacar o governo Temer, por não ter mulher no ministério, num país que elegeu uma mulher para comandá-lo.

29/08/2016 — Agora, Dilma começa a citar as tramoias e pautas bombas do famigerado Eduardo Cunha.

29/08/2016 — Dilma não citou nomes de Temer nem de Aécio, ainda que os tenha criticado diretamente, mas só o de Cunha, o que mostra desprezo por eles

29/08/2016 — Dilma veio com a faca nos dentes. Não quer pacificação. Quer guerra. Só ela deve saber o que está sentindo. Tem esse direito.

29/08/2016 — A contundência desse seu discurso bélico, que não busca conquistar votos, é um sinal de renúncia branca. Só falta explicitá-la.

29/08/2016 — Agora será a vez das perguntas dos senadores. Lewandowski está repetindo como será esse processo.

29/08/2016 — Senadora Ana Amélia questiona a Dilma a tese do golpe com a sua presença no Senado. E Dilma se embaralha toda, ao falar em golpe parlamentar

29/08/2016 — Dilma fala em "golpe de estado parlamentar", mas chama o Senado de "espaço democrático", pra justifica sua presença.

29/08/2016 — Dilma tomou café da manhã hoje com Lula, Chico, Márcia Tiburi, João Vicente Goulart, presidentes de partidos e líderes de movimentos sociais

29/08/2016 — Começou o embate esperado entre Aécio e Dilma.

29/08/2016 — Aécio já começa chamando-a elegante e sutilmente de mentirosa.

29/08/2016 — "Voto não é salvo-conduto", diz Aécio pra Dilma.

29/08/2016 — "Ao longo do debate eleitoral nós nos respeitamos", diz Dilma a Aécio. Há controvérsias.

29/08/2016 — Tanto Aécio como Dilma disseram que jamais poderiam imaginar que, depois das eleições de 2014, se encontrariam hoje nessa circunstância.

29/08/2016 — Debate duro, porém respeitoso, entre Dilma e Aécio. Tá doendo, mas não tá sangrando ninguém.

29/08/2016 — Dilma está se tornando repetitiva, não por conta dela, mas por causa das perguntas repetitivas, o que está tornando a sessão muita chata.

29/08/2016 — Se esperava mais dos senhores senadores. E Dilma dança conforme a música. Detalhe importante é o tom respeitoso mantido até agora.

29/08/2016 — Dilma, ao responder as perguntas da oposição tem sido menos bélica do que foi no pronunciamento escrito. Tem sido elegante com opositores.

29/08/2016 — Desde o encerramento da campanha em 2014, nunca mais Dilma disse de público o nome do Aécio Neves. Aliás, lá ignorou cumprimentos p/ vitória

29/08/2016 — Sempre que pode, Dilma, nas respostas, procura dar uma cacetada em Eduardo Cunha.

29/08/2016 — Zé Aníbal é um dos poucos políticos que, mesmo sendo de oposição, é amigo mesmo da Dilma. Embate doloroso entre dois amigos.

29/08/2016 — Lindbergh, tantas vezes rifado pelo PT, faz um discurso na base do "eu acuso", recriando o famoso J'accuse do Émile Zola.

29/08/2016 — Dilma, muito descontraída, brincou há pouco que seu advogado Cardozão tá triste porque ele hoje está sendo ofuscado pelo Chico Buarque.

30/08/2016 — Dilma encerra seu longo depoimento, condenando posições fundamentalistas em relação às contas públicas.

30/08/2016 — E insiste que não cometeu crime de responsabilidade fiscal. "É muito grave afastar presidente da República assim"

30/08/2016 — Foram 14 horas respondendo às perguntas de 48 senadores.

30/08/2016 — Após passar 14 horas no Senado, Dilma chamou seus convidados no Palácio da Alvorada para tomar vinho e avaliarem a sessão.

30/08/2016 — Retomada a sessão na manhã desta terça, 30/08/16, a advogada Janaína Paschoal repete a acusação à ré Dilma Rousseff.

30/08/2016 — Janaína termina o discurso pedindo desculpas, chorando, a Dilma, por ter sido acusadora dela.

30/08/2016 — E o velho coiote Cardozão desabou! Chorou muito, depois de fazer a defesa final da Dilma. Revelou-se um grande causídico esse homem honrado.

31/08/2016 — Cristovam lembra agora, em discurso na sessão de julgamento da Dilma, que Brizola e ele eram contra o impeachment de Collor.

31/08/2016 — Cristovam anuncia voto do impeachment, mas avisa que não vai aderir ao governo Temer.

31/08/2016 — Está encerrada a discussão. A votação começa logo mais às 11h.

31/08/2016 — Sessenta e três dos 81 senadores ocuparam a tribuna na penúltima fase do julgamento da presidente Dilma Rousseff.

31/08/2016 — Depois de 70 horas de discussão, o julgamento de Dilma chega ao fim daqui a pouco, às 11h. Se aprovado, Temer toma posse hoje ainda.

31/08/2016 — Haverá a leitura do relatório do processo, um resumo de tudo o que aconteceu até hoje.

31/08/2016 — Diz resumo do relatório: em quase 12 horas, Dilma respondeu às perguntas de 48 senadores.

31/08/2016 — Ao pedir a separação da cassação da de inabilitação, o PT reconhece a derrota e avisa que Dilma quer continuar na vida pública.

31/08/2016 — Collor citou o seu exemplo, inclusive de continuar sendo julgado, mesmo depois da renúncia, quando, além de cassado, ficou inabilitado.

31/08/2016 — Por que o PT insiste em tentar separar algo que a Constituição considera inseparável: perda de mandato e inabilitação?

31/08/2016 — Serão duas votações, a do processo em si e, depois, o destaque do fatiamento.

31/08/2016 — O Senado acaba de aprovar por 61 votos contra 20 a perda do mandato da presidente Dilma.

31/08/2016 — Todos os 81 senadores votaram, inclusive Renan, que votou a favor. Nenhuma abstenção.

31/08/2016 — Agora a votação do destaque sobre inabilitação para a função pública.

31/08/2016 — Num só dia, três presidentes: cai Dilma, assume Temer, que viaja e passará cargo a Rodrigo Maia.

31/08/2016 — Dilma recebeu a votação da perda do seu mandato com absoluta tranquilidade, dizem petistas.

31/08/2016 — Dilma recebeu o resultado nas companhias de Lula, Rui Falcão, Jaques, Gabas e Renato Rabelo.

31/08/2016 — A inabilitação da presidente Dilma teve 42 votos a favor e 36 contra. Dilma está habilitada a exercer funções públicas.

31/08/2016 — Lewandowski lê a sentença final que cassa o mandato de Dilma, mas não a desabilita para exercer funções públicas.

31/08/2016 — Está encerrado formalmente o processo de impeachment instalado contra Dilma no dia 12 de maio de 2016. FIM!

Glossário de Siglas

ABL: Academia Brasileira de Letras
ANP: Agência Nacional do Petróleo
BB: Banco do Brasil
CBF: Confederação Brasileira de Futebol
CCJ: Comissão de Constituição e Justiça da Câmara
CERN: Centro Europeu de Pesquisas Nucleares
CIA: *Central Intelligence Agency*
Cide: Contribuições de Intervenção no Domínio Econômico
CLT: Consolidação das Leis do Trabalho
CNOOC: *China National Offshore Oil Corporation*
CNPC: Corporação Nacional de Petróleo da China
Conab: Companhia Nacional de Abastecimento
CPI: Comissão Parlamentar de Inquérito
CPMF: Contribuição Provisória sobre Movimentações Financeiras
DEM: Democratas (partido)
DNIT: Departamento Nacional de Infraestrutura de Transportes
DNOCS: Departamento Nacional de Obras contra a Seca
ENEM: Exame Nacional do Ensino Médio
ESG: Escola Superior de Guerra
ETA: *Euskadi Ta Askatasuna* (Pátria Basca e Liberdade)
FH/FHC: Fernando Henrique Cardoso
Fiesp: Federação das Indústrias do Estado de São Paulo
FMI: Fundo Monetário Internacional
Ibama: Instituto Brasileiro do Meio Ambiente e dos Recursos Naturais Renováveis

IOF: Imposto sobre operações de crédito, câmbio e seguro, ou relativas a títulos ou valores mobiliários
IPI: Imposto sobre Produtos Industrializados
IPTU: Imposto Predial e Territorial Urbano
JF: Justiça Federal
JN: Jornal Nacional
MEC: Ministério da Educação
MP: Medida Provisória
MPF: Ministério Público Federal
MPL: Movimento Passe Livre
NSA: *National Security Agency* (Agência de Segurança Nacional)
OAB: Ordem dos Advogados do Brasil
ONG: Organização Não-Governamental
ONU: Organização das Nações Unidas
PAC: Programa de Aceleração do Crescimento
PCdoB: Partido Comunista do Brasil
PDT: Partido Democrático Trabalhista
PEC: Proposta de Emenda Constitucional
PF: Polícia Federal
PGR: Procuradoria Geral da República
PIB: Produto Interno Bruto
PL (atual PR): Partido Liberal
PM: Polícia Militar
PMDB: Partido do Movimento Democrático Brasileiro
PP: Partido Progressista
PR: Partido da República
PRB: Partido Republicano Brasileiro
PROS: Partido Republicano da Ordem Social
PSB: Partido Socialista Brasileiro
PSC: Partido Social Cristão
PSD: Partido Social Democrático
PSDB: Partido da Social Democracia Brasileira
PSOL: Partido Socialismo e Liberdade
PT: Partido dos Trabalhadores
PTB: Partido Trabalhista Brasileiro
PV: Partido Verde
STF: Supremo Tribunal Federal
STJ: Superior Tribunal de Justiça
TCU: Tribunal de Contas da União
TSE: Tribunal Superior Eleitoral
UNE: União Nacional dos Estudantes
UTI: Unidade de Terapia Intensiva

Agradecimentos

Os cumprimentos e agradecimentos a esse minucioso trabalho das repórteres Flávia Aguiar e Mariana Alvim deveriam vir no começo. Cumprimentos pela dedicação e interesse de pesquisar a história que ambas agora ajudam a escrever. Não tenho a menor modéstia de reconhecer a minha capacidade de saber escolher as pessoas certas para os trabalhos certos. E o resultado deste trabalho prova que sempre acerto. Agradecimentos, os faço pela forma carinhosa e respeitosa com que selecionaram os meus posts do Twitter. Criteriosas, foram no entanto generosas nas críticas aos meus erros, justificando, sempre em forma de sugestões, as razões de alguns cortes e as escolhas que fizeram.

A elas, o meu agradecimento eterno.

Este livro, composto na fonte Fairfield,
foi impresso em papel Avena 70 g/m², na Imprensa da Fé.
São Paulo, março de 2017.